LA RÉVOLTE
DES BANLIEUES
OU
LES HABITS NUS
DE LA RÉPUBLIQUE

Yann Moulier Boutang

LA RÉVOLTE
DES BANLIEUES
OU
LES HABITS NUS
DE LA RÉPUBLIQUE

Éditions Amsterdam

Également aux Éditions Amsterdam

Laurent Lévy
Le Spectre du communautarisme
Collection Démocritique
10 euros, 128 pages, ISBN 2-915547-13-0

Sidi Mohammed Barkat
Le Corps d'exception
*Les artifices du pouvoir colonial
et la destruction de la vie*
11 euros, 96 pages, ISBN 2-915547-11-4

Charlotte Nordmann (dir.)
Le Foulard islamique en questions
Collection Démocritique
9 euros, 180 pages, ISBN 2-915547-00-9

Copyright © Paris, 2005, Éditions Amsterdam
Tous droits réservés, reproduction interdite.

**Éditions Amsterdam
21 rue du Faubourg du Temple, 75010 Paris
www.editionsamsterdam.fr**

Abonnement à la lettre d'information électronique
des Éditions Amsterdam : info@editionsamsterdam.fr

Diffusion et distribution : Les Belles Lettres

ISBN 2-915547-21-1

Sommaire

Comment est né ce livre — 9

En défense d'émeutiers
prétendument insignifiants — 25

Tout va très bien,
Madame la République ! — 45

Les habits nus — 51

Les trois taies dans l'œil de la République — 71

Il faut défendre la société — 105

Avertissement

Comment est né ce livre

Le 27 novembre dernier, je me trouvais dans l'État de New York pour deux semaines et demie d'enseignement à l'université d'État à Binghamton. Cette ville d'une centaine de milliers d'habitants, avec ses satellites Johnson City, Vestal et Endicott, fut autrefois le siège d'une prospère industrie de la chaussure, aujourd'hui disparue, et le berceau de la puissante multinationale IBM, partie depuis vers la Caroline du Sud et vers la côte atlantique. N'ayant pas à ma disposition de journaux français ou d'accès à l'Internet, je m'intéressais aux suites de Katrina aux États-Unis[1] ainsi qu'au scandale Libby[2]. Le samedi suivant, je m'étais rendu pour le week-end chez un ami, sociologue à l'université d'Albany qui, en collaboration avec ma femme, étudiait depuis deux ans le devenir des secondes générations en France et aux États-Unis. Il me demanda : « Dis donc, cela chauffe dans vos banlieues ? » Je tombai des nues.

J'arrivais de Rio de Janeiro où nous avions pu traverser, en compagnie de son jeune et nouveau maire, Lindberg Farias, la ville de Nova Iguaçu, une immense banlieue d'un million d'habitants au nord de la baie de Rio de Janeiro, comme il y en a une bonne douzaine dans la métropole. Pas une des pires : le trafic de drogue n'y sévit pas comme à Cantagallo ou Vidigal, lesquelles se partagent une même colline juste au-dessus d'Ipanema et de Copacabana. Là, en pleine ville, au-dessus de la banlieue chic, les gangs se tirent dessus pendant des heures avant et après les assauts de la police. Celle-ci rançonne les uns et les autres et passe des marchés avec les plus offrants. Mais la favela horizontale de Nova Iguaçu possède d'autres charmes : plus de la moitié de la ville est sans égout, sans route goudronnée, les escadrons de la mort y sévissent encore. Peu de temps auparavant, le 31 mars 2005, vingt-neuf personnes, dont cinq jeunes, y avaient été massacrées devant leur famille par des hommes de main de la mafia qui jouait sur les contradictions internes de la police[3]. Le maire nous avait confié très tranquillement dans sa voiture qu'il préférait ne pas bénéficier de l'escorte policière qu'on lui avait proposée car tous les hommes politiques qui avaient péri de mort violente avaient été exécutés par des membres de la garde censée les protéger. Avec plus de 35 000 morts par an, essentiellement des jeunes, dans une guerre avec des polices locales parmi les plus corrompues du monde (il n'y a pas de police fédérale), le Brésil constitue, dira-t-on, une bien mauvaise échelle pour juger des problèmes urbains et du comportement des forces de l'ordre dans notre vieille Europe. S'agissant du racisme, la comparaison ne tient pas ; mieux vaut porter son regard du côté des États-Unis. S'agissant de la corruption de la police, il n'est pas de commune mesure. Sur les inégalités, la chose est déjà moins sûre. En niveau absolu, la comparaison est certes, une fois de plus, discutable. L'Europe, la vieille Europe, pas celle de Ronald Rumsfeld, est encore une oasis d'égalité comparée au reste de la planète ; mais, quand on connaît les niveaux de chômage des parents et des jeunes de ces quartiers où l'émeute française s'est étendue, on peut se demander s'il n'est pas nous qui nous dirigeons vers le modèle brésilien plutôt que l'inverse. Je prends à dessein pour exemple le Brésil, et non la Chine ou l'Inde ou les États-Unis, parce que le Brésil s'enorgueillit de son caractère multiracial comme la France, parce qu'il est de tradition républicaine et que ses élites parlent beaucoup d'universalité et de droits égaux pour tous dans le pays le plus inégal du monde, mais aussi parce que l'influence de la France sur le Brésil a été telle que figure sur son drapeau une devise due à Auguste Comte, notre polytechnicien philosophe : « Ordre et progrès », devise que répètent actuellement en France tous les membres de l'élite républicaine, notre président et son premier ministre en tête. Le Brésil aussi, parce qu'on y retrouve le même scandale de la marginalisation des Noirs à l'Université[4], dans les entreprises, dans la classe politique et que la vieille gauche résiste, comme en France Chirac (et beaucoup d'autres, y compris à gauche), à instituer des quotas dans les quatre-vingt-trois universités fédérales. J'étais donc très loin de nos banlieues françaises, et pourtant pas si loin finalement du débat sur la refondation d'un véritable espace public d'égalité.

Mais quand j'entendis parler d'Aulnay, de Clichy-sous-Bois, puis chaque jour d'autres noms de banlieues et de villes de province qui prenaient feu, je n'étais plus au Brésil, mais dans un pays du Nord, au cœur de l'Empire. Depuis la côte Est des États-Unis, (je ne parle même pas de la Californie), les troubles en Europe paraissaient de minces vaguelettes. Il a fallu dix jours pour que les troubles qui ont secoué la France soient évoqués en première page du *New York Times*, dans son édition américaine et non dans sa version européenne qui donne habilement aux Européens l'idée flatteuse qu'ils sont encore au centre du monde.

La nouvelle était suffisamment importante pour que je passe le reste de mon séjour américain sur le Web à lire les journaux et à suivre les émeutes françaises, ainsi qu'à donner de longs coups de fil. Lors de la rencontre annuelle de la Cimade à Poitiers, j'avais sévèrement critiqué le modèle migratoire européen. En plaçant les parents en situation d'infériorité juridique prolongée sans droit de vote, il les fragilise au point que la plupart de leurs enfants, à part quelques boursiers derrière lesquels la République se réfugie toujours pour montrer ses efforts de mixité sociale, se retrouvent pénalisés comme des minorités ethniques dans un pays qui ne reconnaît pas cette catégorie officiellement et se refuse donc d'orienter sélectivement ses efforts de redistribution du revenu. Quels que soient les pays, y compris et surtout les pays anglo-saxons, il a fallu un nombre impressionnant d'émeutes avant que les États se fassent à l'idée d'intervenir positivement et pas se contenter de disperser les ghettos pour que cela ne se voie pas trop. Le problème spécifiquement français est que dès les années 1970, puis avec les troubles à Lyon aux Minguettes, on a surtout parlé de raser les tours, de disperser les familles nombreuses et que l'on est resté très peu réceptif aux besoins de ces communautés formées par les vagues migratoires successives et l'installation durable. Pour la population immigrée, la situation n'était pas différente dans les années soixante-dix : Champigny était le plus grand bidonville d'Europe ; il était dans un état bien pire que celui de beaucoup de quartiers dégradés actuels. Seule la police politique portugaise, la sinistre PIDE, y pénétrait. Mais tout était plus fluide. Les Portugais y passaient un ou deux ans à leur arrivée, tout simplement parce qu'en quelques heures on y trouvait du travail. Les banlieues quand elles étaient peuplées de ruraux français à leur création, n'étaient pas plus brillantes qu'actuellement, en particulier en matière d'équipements collectifs. Mais la population s'y renouvelait constamment et passait souvent à un habitat pavillonnaire. Aujourd'hui les quartiers sont difficiles parce que les populations les plus pauvres y sont à demeure, que le taux de chômage atteint plus de 60 % de chômeurs chez les moins de trente ans et souvent 50 % chez leurs parents. Inutile de penser que le chômage frappe la population étrangère, les Beurs, les Blacks en proportion de ce qu'ils représentent dans la population. Ils sont frappés par un chômage deux ou trois fois plus important que les nationaux blancs. Une statistique en tout point comparable à ce que l'on trouve outre-Atlantique pour les Noirs américains. La couleur de la peau, puis le quartier où l'on réside fonctionnent comme marqueurs. Les entreprises n'en veulent pas, les services commerciaux, les services publics se retirent de ces quartiers. Les médecins ne veulent plus se rendre en visite chez les particuliers. Les aides sociales sont insuffisantes. Alors l'économie parallèle fait son apparition et comme beaucoup d'argent liquide circule, les systèmes de protection qui sont une forme de racket contre un racket plus important s'installent aussi et avec eux toutes formes de trafic. La police a de plus en plus d'accrochages avec les jeunes, les harcèlements puis les incidents racistes graves se multiplient. Des enfants de 14 ans deviennent des habitués des commissariats, puis des prisons où une partie intègre le milieu proprement dit. Tout cela, les sociologues des Instituts de relations entre les groupes ethniques en Angleterre mais aussi des chercheurs en France[5] le savent par cœur a-t-on envie de dire. Comme ils savent que l'émeute n'est jamais loin, même quand les voitures balisées sont partout et que les responsables de l'ordre plastronnent dans des conférences de presse, tandis que l'on a supprimé la police de proximité et plus encore les associations de terrain pas assez dociles aux desiderata des mairies, des autorités nationales.

Mais je ne pensais pas que cela irait si vite. À mon retour, le 13 novembre, les braises de la révolte palissaient à peine. Les voitures brûlaient encore par paquet de deux cents chaque nuit. Les pouvoirs publics, comparant ce nombre avec la moyenne habituelle, endémique, estimaient, avec raison, la décrue amorcée, au point que les préfets n'eurent que relativement peu recours à l'état d'urgence. Un peu auparavant, le 30 octobre, j'avais reçu un appel de Benedetto Vecchi, un ami journaliste au *Manifesto*. Il me demandait d'écrire un article pour eux. J'avais accepté et écrit une longue tribune. Cela tombait bien. Nous bouclions le prochain numéro de la revue *Multitudes*. Pour moi, l'éditorial de la rédaction, qui portait originellement sur les assauts des migrants contre les fils barbelés de l'Europe-forteresse à Ceuta et Melilla, devait intégrer les émeutes des banlieues. D'une pierre deux coups ! pensai-je.

J'attendais des réactions. L'état d'urgence devrait bien susciter quelques articles cinglants au pays de la liberté. Ayant suivi, pour l'essentiel, ces événements à distance, je pensais être en retrait sur la vivacité des intellectuels français sur place. J'étais content de mon « papier », comme disent les journalistes : la République des républicains – celle qui avait dit, avec Régis Debray, dès les années 1980, sa franche détestation de la « démocratie », à son goût trop américaine, trop accommodante avec l'argent – se retrouvait au pied du mur ; parce que le silence obstiné et assez suicidaire sur les ghettos à la française, bel et bien formés, se retrouvait K.-O. debout et qu'il est toujours plaisant, en première analyse, de voir la bêtise interdite (étourdie) puisqu'on ne peut jamais l'interdire. J'avais au moins débusqué le lièvre de cette idéologie républicaine, qui va si bien avec le souverainisme, à défaut de le tirer. Après tout, je n'avais pas vécu directement les « événements d'octobre-novembre ». Il y aurait de bien meilleurs points de vue que le mien et ce, très vite. Inutile d'envoyer une tribune au *Monde* ou à *Libération*, pensai-je. Jérôme Vidal, des Éditions Amsterdam, que je ne connaissais pas, avait lu mon article du *Manifesto* sur une liste électronique. Il m'avait bien proposé, dès le 12 novembre, d'écrire un livre développant les arguments que j'avais esquissés.

Je commençais à trouver le silence des vrais intellectuels étrange et inquiétant. Avec la chronique de Pierre Marcelle, les rebonds de Françoise Blum, d'Esther Benbassa et de Didier Lapeyronie dans *Libération*, avec l'appel de E. Balibar, M. Chemillier-Gendreau, E. Terray et B. Ogilvie qui parut finalement dans *L'Humanité*, quelque chose semblait s'amorcer, mais tout fut vite recouvert par un retour à un anti-libéralisme strictement orthodoxe (« c'est un problème de classe, inutile d'y chercher autre chose »). Quant aux tribunes des prescripteurs d'opinion qui croient faire office d'intellectuels, leur gêne ou leur faiblesse me laissait sur ma faim quand elles ne me paraissaient pas franchement obscènes, malgré quelques bonnes idées perdues dans un océan de poncifs. Du côté politique, même vide. La gauche a les excuses de ses ambitions présidentielles, petites ou grandes ; le corps électoral jugera puisque, en la matière, il sert de conscience pour solde de tout compte. La droite a, elle, l'excuse du pouvoir, lequel rend rarement intelligent (ce qui est heureux : il n'y aurait sinon que peu d'alternance) ; celle aussi de sa peur qui resurgit intacte, à chaque désordre, comme si elle n'avait rien appris. Que ce type très particulier d'obstination pousse à la faute des animaux politiques aussi roués que Sarkozy a quelque chose de cruellement divertissant.

Mais les intellectuels, ces « grands intellectuels » que nous enviait autrefois l'Europe ou l'Amérique ? Où étaient-ils passés ? Que sont-ils devenus ? « Français, si vous saviez, c'est beaucoup plus grave que quelque 4 500 voitures brûlées, » aurait dit Clavel. Sartre, Deleuze, Foucault, où êtes-vous ? Quelle déception !

La relative passivité des réactions des intellectuels apparaît bien sûr comme l'aboutissement du climat d'hystérie qui a accompagné les débats autour de la loi sur le foulard islamique. La laïcité et l'émancipation féminine ont autorisé de faire sauter le verrou qui existait jusqu'alors à se déclarer ouvertement raciste. Tandis que la population de religion musulmane, voire sikhe, était soumise au soupçon d'abriter le terrorisme en même temps qu'à des injonctions d'intégration le plus souvent maladroites ou humiliantes.

C'est pourquoi je n'ai pas hésité longtemps. J'ai rédigé ce petit essai, dans lequel je développe les quelques idées que j'avais concentrées dans mon article pour *Il Manifesto*. Il fallait aller vite. Non pour marquer le coup (cela dépendra des lecteurs et non de moi), mais plus modestement pour ouvrir un signet. Pour que date soit prise. Pour que nous soyons nombreux à nous souvenir de cet étrange et brutal révélateur de nouveaux clivages dans la société et la politique. Pour que nous mesurions bien le degré de dégradation et de vulgarité, annoncé il est vrai dans l'épisode du « foulard » islamique.

Cet essai est donc bien né de mon irritation devant cette « nouvelle trahison des clercs », et ce que je n'ai aucun scrupule à nommer un déficit de pensée et de courage. De là, sans doute, quelques formules d'humeur qui nuiraient à la persuasion patiente si cette dernière était de mise. Mais les quatre cent cinquante condamnations d'adolescents – ce nombre n'est pas définitif –, les commentaires béatement satisfaits des magistrats, du gouvernement, des journalistes ont de quoi doucher la naïveté pédagogique ou la prudence. La dernière interview d'Alain Finkielkraut dans *Haaretz*, dont *Le Monde* s'est fait l'écho le jeudi 24 novembre, me conforte dans l'idée qu'il y a un grave danger pour la société à laisser le champ libre à une République autruche et aux ergots des coqs gaulois incendiaires.

Ce n'est donc pas sur quelques formules assassines auxquelles je n'ai pas voulu résister que je demande qu'on juge ce livre. C'est plutôt sur le fond. La certitude toute négative que nombre d'« intellectuels français » ont achevé de perdre, en ce mois de novembre 2005, bien plus qu'une belle occasion de se taire : le peu de crédit qui leur restait, à l'extérieur comme à l'intérieur de l'Hexagone, n'est qu'un paquet d'embruns sur la jetée du port. Plus importantes sont la houle qui se lève et cette tempête qui s'abat sur le vaisseau de la République. Une bourrasque qui n'est pas celle qu'on croit.

Si l'on ne met pas d'urgence la démocratie à la barre de la République, au lieu de l'état d'urgence anesthésiant, le vaisseau va droit sur les rochers. Mais non ! L'état d'urgence est la nouvelle boussole de notre vaisseau fantôme. Tout va très bien, Madame la Marquise ! L'ordre règne. Il y a de quoi être consterné.

Ce livre veut étayer une conviction heureusement plus positive. Les choses commencent à bouger. On envisage de plus en plus de lutter par des mesures affirmatives contre la discrimination sexiste ou raciste. Un jour, Bordeaux, Le Havre comme Nantes et Bristol auront peut-être leur musée de l'esclavage. On ne peut plus vendre aux enchères à Lyon, comme de vulgaires pièces de mobilier, les rares témoignages écrits sur l'horreur de la traite. L'Assemblée nationale et le Sénat discutent des réparations dues à l'Afrique pour le commerce du bois d'ébène ou bien de l'indemnité écrasante qu'Haïti a dû payer pour avoir « spolié » les propriétaires d'esclaves. L'idéologie républicaine soulève un nombre croissant d'interrogations. On peut aujourd'hui parler du 17 octobre 1961 à Paris. Bref, le lamentable amendement réintroduisant les côtés « positifs » de la colonisation fait scandale dans la société, à défaut d'être repoussé à la Chambre[6]. Il n'est donc pas exclu de réagir déjà par la pensée et le débat avant d'en arriver aux mesures politiques qui éviteront d'autres émeutes.

Nous avons déjà eu, de ce côté-ci de l'Atlantique, un nombre impressionnant d'émeutes isolées. Nous avons eu la Marseillaise sifflée lors d'un match célèbre contre l'équipe d'Algérie. Et Sarkozy qui s'illustra, déjà, en faisant promulguer la loi de délit contre l'hymne national. Si des irresponsables veulent, après le 11 septembre 2001, pousser des jeunes dans les bras d'une véritable violence absurde et criminelle, qu'ils continuent sur cette lancée. Mais c'est un devoir de salubrité publique et mentale de désigner les véritables pyromanes. Les dangers pour la République ne sont pas ceux qu'on veut nous faire accroire.

Ceux qui brandissent l'étendard de la République à toute occasion et croient avoir réglé le problème pour avoir envoyé un demi-millier d'adolescents de plus croupir dans les prisons que remplissent déjà très largement les nouvelles « classes dangereuses[7] » ne sont pas seulement « moisis » et infiniment vieux dans leur tête, ils sont aussi dangereux pour *toute* la société. J'ai perdu tout désir de les convaincre : je sais l'impossibilité d'une telle entreprise.

En revanche, je souhaite faire partager avec ce livre une passion sereine et joyeuse : la conviction que le gouvernement est fait pour *toute* la population et l'ensemble de la société, et non l'inverse ; que la société possède en elle des ressources pour enrayer la marche vers une inégalité insupportable qui a déjà vidé la République de sa crédibilité ; qu'elle doit, pour ce faire, remettre à plat un certain nombre de non-dits, de valeurs qui ont cessé d'être « communes » ; que la société doit entendre ce que signifient les émeutiers, et se substituer à un gouvernement sourd, à une gauche aphone et à une république daltonienne. La société est grande quand elle sait se diviser et gérer le différend pour éviter la guerre civile. Elle est diminuée quand le gouvernement est grand et que par ses appels à l'unité et au consensus vide contre la guerre civile, il y conduit d'autant plus sûrement. Elle est appauvrie dans ses facultés d'inventer quand des intellectuels irresponsables se vantent d'être daltoniens. Nous ne sommes pas en état de siège, pas en guérilla urbaine. La police n'est pas fasciste. Elle est juste trop blanche, et ses bavures concernent trop souvent des Beurs, des Noirs, des étrangers, des sans-papiers. La tolérance zéro n'aboutit à rien d'autre qu'à la thrombose cérébrale de la République. La « nation » est aveugle à la couleur quand il faut investir dans les banlieues beaucoup d'amour, d'égalité, de fraternité et les moyens de ces nobles sentiments et pas simplement les moyens de la… communication.

Il faut défendre la société, pour reprendre les termes de Michel Foucault, avec égalité d'âme et ténacité. Fermement, en résistant à l'intimidation. Si ce petit livre libre peut contribuer à nous sortir du climat d'incroyable vulgarité qui s'étale avec suffisance et hargne en ce mois de décembre, après la révolte des banlieues, il aura rempli son rôle.

Les émeutiers de novembre sont une partie de la société, de notre société. On ne peut s'en débarrasser en les confinant dans des maisons de corrections, des *workhouses* à la Dickens, ni non plus en les contraignant à prendre des charters pour l'Afrique. La République n'est pas une autruche.

Notes
[1] Autrement dit le double choc qu'avaient constitué l'aphasie du gouvernement fédéral et la couleur presque exclusivement noire des 4500 personnes du Dôme de la Nouvelle Orléans laissé quatre jours sans eau ni ravitaillement.

[2] Nom du directeur de cabinet du vice-président Dick Cheney. Il a été forcé de démissionner pour avoir livré à la presse le nom d'une journaliste agente de la CIA, dont le mari diplomate avait pris position contre la guerre d'Irak. Or cette dénonciation constitue un crime fédéral.

[3] Assassinats dits de *Chacina da Baixada,* le 31 mars 2005.

[4] 20 % de la population, plus 35 % qui se déclare métisse, en fait beaucoup plus et 2 % des diplômés de l'enseignement supérieur. A San Salvador de Bahia, 80 % de la population est noire, 8 % d'étudiants le sont.

[5] Par exemple Stéphane Beaud et Michel Pialloux, *Violences urbaines, violence sociale, genèse des nouvelles classes dangereuses* (Fayard, 2003) qui ont analysé l'émeute du 12 juillet 2000 à Montbeliard.

⁶ L'article IV de la loi du 23 février 2005 stipule que : « Les programmes scolaires reconnaissent en particulier le rôle positif de la présence française outre-mer, notamment en Afrique du Nord, et accordent à l'histoire et aux sacrifices des combattants de l'armée française issus de ces territoires la place éminente à laquelle ils ont droit. »

⁷ Il est édifiant de comparer aujourd'hui la proportion de Noirs, de « beurs », d'étrangers à l'ombre des prisons (la moitié des effectifs) avec leur pourcentage dans la population (entre 6 et 10 %), comme Jacques Chevallier l'a fait pour les ouvriers au XIX° siècle dans son célèbre *Classes laborieuses et, classes dangereuses à Paris, pendant la première moitié du XIXe siècle,* Plon, 1958. Nous sommes sur ce point comme sur bien d'autres, dans les fourchettes nord-américaines.

En défense d'émeutiers
prétendument insignifiants

Les grands événements ne sont pas forcément beaux ni joyeux. Ils vous prennent par surprise. Ils ne sont pas nécessairement fusionnels. Ils peuvent inquiéter pour des raisons radicalement opposées : ici, la peur du désordre immédiat ; là, à l'opposé, la crainte d'un désordre futur bien plus profond et dommageable. Les raisons de leur déclenchement n'expliquent jamais le moment de leur explosion. Ils sont surdéterminés comme la goutte d'eau qui fait déborder le vase, après une longue accumulation. On est en droit, toutefois, de se demander si la mort dans un transformateur EDF de deux gamins poursuivis par la police, aurait allumé un tel incendie si elle n'était pas venue s'ajouter à une trop longue liste de crimes racistes, de « bavures » perpétrées par des policiers dans les commissariats ou dans les rues, bavures qui frappent presque exclusivement les membres d'une population déjà affectée plus que n'importe quelle autre par l'échec scolaire, le chômage, la discrimination à l'embauche, aux loisirs, aux savoirs, au logement et, quand elle travaille – ce qui est bien plus souvent le cas que l'oisiveté dont elle est taxée et fustigée –, par la précarité.

Certes une émeute est rarement enthousiasmante. Il y a un paradoxe à prendre la défense du désordre. Ses acteurs sont généralement obscurs, confus, pas toujours des héros. Il y règne une odeur de violence vague, sans but prédéterminé, une absurdité qui choque notre part rationnelle à voir suspendue toute anticipation sur ses lendemains inévitables. À l'inverse des guerres ou des révolutions, les morts dont elle est partie ou qu'elle laisse dans son sillage hébété ne seront jamais décorés par la République. « Mélancolie[1] », désespoir, « nihilisme », « perte d'estime de soi », la droite la moins « versaillaise » n'a pas tardé à dessiner des variations sur cette figure imposée de l'émeutier. Avec des pincettes, comme de juste. Mais la gêne de la gauche laisse, elle, pantois. Pourquoi ce besoin préalable de condamner les actes ? Est-ce pour être bien sûr de ne pas se séparer du « bon peuple », de « fusionner » cette fois dans un corps social recroquevillé dans la peur ? Comme si les adolescents qui ont tout cassé, y compris eux-mêmes, ne savaient pas qu'ils commettaient des actes répréhensibles. Dans une société où tout se paie, où la voiture constitue, avec les spectacles de sport, ce qu'étaient le pain et les jeux pour la plèbe à l'époque de l'Empire romain ; dans une société si propre qui apprend à recycler les déchets vendables au fur et à mesure qu'elle transforme les humains en kleenex jetables, croit-on les adolescents débiles au point de ne pas savoir que la voiture, les bus, les crèches et les poubelles sont des emblèmes auxquels il coûte cher de s'attaquer ? Comme s'ils étaient sots au point de ne pas savoir qu'ils transgressaient l'ordre. Mais cette transgression était probablement le seul moyen pour eux de faire comprendre à notre société si accommodante avec des formes de violence permanente bien plus profonde, que la mort de deux des leurs constituait une transgression insupportable.

Un jour donc, les jeunes de toutes les banlieues de France[2] ont tout cassé. Sans posséder d'autre vecteur d'organisation que les médias et les moyens modernes de communication (le portable, les sms), ce mouvement de désordre s'est propagé dans l'Hexagone comme jamais depuis mai soixante-huit.

D'ores et déjà, ces désordres d'octobre et novembre 2005 se sont hissés à la hauteur d'un événement. La rage de les effacer comme tel, comme irruption de quelque chose de nouveau, n'est pas encore venue : le bras séculier de l'État frappe encore. Mais la volonté d'éviter de leur reconnaître la moindre dimension authentiquement politique est, elle, déjà omniprésente et intimidante. Les historiens savent que les émeutiers n'ont les honneurs de la « politique » que dans la mesure où ils préparent le lit d'une insurrection qui parvient à renverser un pouvoir, ou que l'émeute se transforme en révolution en bonne et due forme ; sans cela, ils sont rejetés dans les limbes de l'insignifiance

« sociale », muette par définition, et se voient refuser le statut de sujets, leurs interventions étant réduites au rang de borborygmes ou de vents d'un corps social qui les a absorbés pour alimenter son métabolisme – avant de les recracher.

Le mot même d'événement pointe cependant vers une part d'inqualifiable, un élément de surprise. Il signale qu'une fuite s'est produite dans le système de capture des catégories. Aucun fait strictement assignable ne parvient à faire événement. La France a connu de multiples révoltes urbaines, les Minguettes à Lyon par exemple. Ces révoltes ont été classées sans suite dans les « faits » de société locaux, pas dans les événements d'intérêt national, sauf par quelques rares sociologues qui tirent depuis vingt ans la sonnette d'alarme.

Dans les événements de novembre trois « débordements » peuvent être repérés.

En premier lieu, celui de la catégorie policière et administrative de la délinquance et de la criminalité qui servait à rendre compte du traitement « à froid » des quartiers « chauds ». La « racaille » sarkoziste n'est pas une originalité du ministre de l'Intérieur ; la dénonciation des « éléments asociaux » ou des « houligans » par le pouvoir soviétique, des « antinationaux » par l'actuel gouvernement chinois, des « sauvageons » par Jean-Pierre Chevènement, des « enragés » de Marcellin ou encore des « *untorelli* » d'Enrico Berlinguer du temps du mouvement de 1977 en Italie, signalent toujours le même procédé du gouvernement ou des forces politiques qui prétendent au gouvernement : reconnaître l'apparition d'un désordre « politique », le trouble à l'ordre public, tout en lui refusant tout caractère politique qui conduirait tôt ou tard à son intégration dans les mécanismes de représentation des intérêts légitimes.

Le deuxième débordement, qui a transformé une émeute de plus en événement européen, est l'expansion de la révolte de sorte qu'elle a fait tâche d'huile de jour en jour, impliquant la province (traditionnellement opposée à l'agitation parisienne, y compris en 1968) et révélant crûment ce que la statistique du recensement dit froidement. Près de 85 % de la population française vit désormais dans des banlieues ; le mode de vie rural et sa fameuse qualité de vie deviennent résiduels, et les habitants des centres villes déjà privilégiés investissent l'espace rural préservé. La non-ville qu'est la banlieue devient majoritaire. Dijon, Pau, Tours, Caen, Rennes ont leurs barres, leurs quartiers difficiles, comme Sarcelle, La Courneuve, Dammarie-les-Lys. Le petit village qui figurait derrière l'affiche électorale de François Mitterrand en 1981 et évoquait la France tranquille est bien loin. Romano Prodi n'a pas manqué sa rentrée politique en Italie en soulignant que la situation était européenne et que les banlieues italiennes étaient pires que les françaises.

Le troisième débordement par rapport à ce que les mots de révolte et d'émeute disent dans le vocabulaire politique, et qui en caractérise l'intensité, c'est l'extraordinaire *isolement* de ce « mouvement » par rapport au reste de la société. Ces émeutiers sont isolés à tous les niveaux : au sein des banlieues qui ne sont pas majoritairement à leur image ; au sein des familles où parents, grands frères et sœurs ont peu participé à la révolte, sauf quand ils se sont trouvés impliqués directement par la répression policière qui s'en prend à eux. Enfin, au sein de l'immigration et de ses vagues, la révolte touche majoritairement de très jeunes Beurs et des Africains et seulement eux. En 1984, lors de la Marche pour l'égalité (à l'occasion de laquelle les jeunes obtinrent la carte de dix ans pour leurs parents ou aînés, mais rien pour eux), seuls les Beurs étaient visibles. En 2005, les Africains et les Noirs français des DOM-TOM sont fortement visibles.

Les événements d'octobre et novembre 2005 sont-ils un mouvement, un mouvement social, avec ses revendications, ses formes d'organisation, ses porte-parole et ses coordinations, comme les étudiants, les infirmières en avaient généré en 1995 ? Non, bien évidemment, s'il s'agit d'accorder un label de conformité avec la norme française de la « qualité politique ». La réponse est toutefois peut-être moins assurée qu'il n'y paraît de prime abord. Forme de coordination ? Le portable a rendu superflu des formes vulnérables de rencontre. L'Internet permet de faire circuler sur les listes les mots et les images que les télévisions escamotent rapidement. Les revendications ? Ne retrouve-t-on, en l'espèce, celle qui se manifeste dans tous les « incidents » ou « dysfonctionnement », pour employer les euphémismes des techniciens du maintien de l'ordre : la reconnaissance de la part des autorités qu'il y a eu faute, erreur. Il serait absurde de dénier à ces révoltes violentes toute revendication caractéristique d'un mouvement social. À ce compte, les trois quarts des mouvements réellement politiques qui agitent la planète seraient apolitiques. Ils ne sont pas institutionnels ; ils ne sont pas intégrés au système complexe de représentation ; mais ils se trouvent qu'ils expriment le plus souvent les besoins nouveaux de la société. Les *verbatim* recueillis par les journaux montrent bien que, si l'émeute part de la protestation devenue furieuse contre la mort dans un transformateur EDF de deux adolescents fuyant la police, c'est le harcèlement policier, les bavures constantes, le tutoiement systématique, bref l'humiliation et l'absence de reconnaissance qui constituent l'essentiel des doléances. Comme pour le déclenchement de l'émeute, largement due à l'absence d'excuses des forces de l'ordre et à l'huile sur le feu versé par leur responsable au gouvernement, malgré les avertissements pathétiques d'Azouz Begag[3], nous avons affaire au scénario classique des émeutes raciales qui éclatent régulièrement aux États-Unis ou en Angleterre. Un scénario étudié comme des cas d'école à l'École nationale d'administration. Mais il y a plus : le refus de reconnaître aux émeutiers toute subjectivité digne d'intérêt témoigne du même aveuglement, du même mépris que celui que nous relevions à propos des rappeurs. Comment ne pas être frappé par l'extrême finesse de la réflexion à chaud d'un jeune de banlieue à propos du ministre de l'Intérieur : « Sarkozy, il devrait apprendre le français. Il parle comme dans la rue. Il est grossier. Au gouvernement, on ne parle pas comme dans la rue. » Voilà le caractère populiste de la communication récente de Nicolas Sarkozy démonté d'une seule réplique. Communication, car on ne saurait faire l'affront au « premier flic de France » (comme disait Georges Clemenceau) de laisser supposer qu'il pourrait croire une minute aux mots qu'il emploie pour caresser l'électorat de la droite extrême. La plèbe se méfie souvent des démagogues. Quelques voix assez isolées se sont toutefois élevées contre ce déni indécent[4]. Elles sauvent l'honneur de ce qui reste des intellectuels français, après vingt ans de nauséabonde « restauration ». Je me souviens des hurlements contre les « enragés » de Nanterre, contre les « casseurs » de Saint-Lazare en 1979. Dans les deux cas, ces débordements ont été les signes avant-coureurs d'un énorme changement (mai 1968, l'alternance). Alors, un peu de prudence, messieurs les prudents ! Il se pourrait, comme le faisait remarquer Françoise Blum dans une courageuse tribune[5], que ces jeunes « apolitiques » fassent davantage bouger les choses que trente ans d'effets de manches et d'annonces et qu'ils aient commencé à nous débarrasser de l'hypothèque Sarkozy, ce que la gauche « politique et responsable », embourbée dans ses cuisines présidentielles, s'est révélée bien incapable de faire. Dernière remarque : on ne peut *à la fois* dire des jeunes de banlieue impliqués dans les événements récents qu'ils sont *insignifiants* et les traiter comme des *émeutiers* à châtier durement. On ne peut du reste pas décréter l'état d'urgence, comme si l'État vacillait, parce que des gamins brûlent des voitures et tout ce qui leur tombe sous la main après avoir vu deux d'entre eux électrocutés pour avoir échappé à une de ces parties de chasse policières malheureusement courantes. Cette réaction furieuse était prévisible comme deux et deux font quatre, même si son ampleur et sa diffusion ont pu surprendre.

Mais il est une autre raison qui fait de cette révolte sans plan préconçu, sans stratégie, sans porte-parole, un événement au sens plein du terme. Trois semaines d'émeutes, comme le soulignait avec bon sens le chanteur d'un groupe de rap, ont réussi à faire enfin parler de la question des banlieues. Elles ont transformé ce morceau sur figure imposée pour réunions d'urbanistes, techniciens et élus locaux en une question *de société*. Les banlieues relevaient d'une pathologie sociale endémique dont certains s'accommodaient, comme autrefois du paludisme, de la tuberculose ou, pour d'autres, le signe ou le support sans intérêt en soi, d'un autre « mal », le fondamentalisme islamique, qui seul pourrait prétendre à la dignité du politique. La première victoire, chèrement payée, de ces très jeunes émeutiers est d'avoir fait de la question du *ghetto social*, qu'on se refusait absolument de voir ailleurs qu'aux États-Unis (oubliant qu'il fut inventé dans l'Europe médiévale, à Venise), un objet direct de la chose publique et de la question sociale. Jean Baudrillard relevait qu'il aura fallu quelques milliers de voitures brûlées en trois semaines pour que le chiffre de voitures incendiées dans les villes françaises chaque semaine de l'année (soit, en moyenne, quatre-vingt) sorte du cénacle fermé des experts[6]. Pourquoi a-t-il fallu pour cela tant de destructions ? N'aurait-on pas pu y arriver autrement, demandent benoîtement les grandes âmes raisonnables qui acceptent sans sourciller que tel dirigeant d'entreprise reçoive pour indemnités de départ 2 500 ans de Smic ? Quel gâchis susurre leur chœur indigné par tant de violences ! Les conseilleurs *a posteriori* ne sont pas les payeurs. N'ont-ils pas eu plus de trente ans pour agir ? Puisqu'il s'agit de compter, à combien estiment-ils le gâchis (pour ne pas faire du pathos facile sur les dégâts dans les familles, dans les âmes) du chômage des pères, des petits boulots pour les enfants, des combines pour survivre, de l'échec scolaire, du poids de la précarité et des violences qui retombent sur les filles et les mères. Le calcul est vite fait : 4 500 voitures brûlées, plusieurs milliers de poubelles, quelques camions, bus, rames de tramway, une école, des entrepôts de concessionnaire automobile, un supermarché, une entreprise d'un côté : cela représente quelques centaines de millions d'euros à court terme. En balance, quelques dizaines de milliards d'euros, sans doute bien davantage à long terme.

Il faut défendre la société contre l'ordre. Il faut

donc défendre les émeutiers contre une conception de l'ordre extrêmement limitée, pour ne pas dire primaire. Et la bêtise des émeutiers, dénoncée jusqu'à l'écœurement, n'est certainement pas la plus grande en l'affaire. Nos gouvernements, et quelques-uns de nos candidats à gouverner, ont étalé, ces dernières semaines, une dose de cécité sociale, d'obstination butée, de persévérance dans l'erreur, de consensus absurde et vide, véritablement inquiétante. La vulgarité n'est que l'indice de la fragilité profonde de la légitimité dont se prévalent gouvernants et aspirants gouvernants. Les consensus accouchés au forceps (comme ces 68 % de citoyens satisfaits du recours à l'état d'urgence) ne règlent rien et pourraient préparer des catastrophes similaires au 21 avril 2002, avec cette fois un Le Pen rassemblant 19 % de voix en tête !

Nous devons nous souvenir que nous ne formons une société humaine, et pas une termitière, que dans la mesure où nous – je dis bien « nous » – sommes capables de colère – autrement dit d'une certaine folie – et d'émeutes. Oui, d'émeutes. Dans la mesure où nous sommes capables, d'abord, de les engendrer par un long et répété aveuglement, donc de reconnaître en elles nos *propres* enfants (et non ceux, expiatoires, des « exclus », des « autres » des « étrangers » que l'on renvoie ailleurs par avion). Dans la mesure où nous sommes capables, ensuite, de respecter la douleur de tout être qui partage le même petit bout de planète que nous, capables d'enrager contre la coupable absurdité des enchaînements qui fabriquent de la peine de mort à froid dans une Europe qui l'a bannie comme instrument d'État. Capables, aussi, de maîtriser une peur panique face à ce futur glacé qui est déjà leur présent et dont ces émeutiers nous tendent le miroir cruel. Capables, enfin, d'avoir des réactions intelligentes face à cet événement brutal. De prendre en compte ce qui se dit, se joue dans cette révolte des banlieues françaises, ainsi que le gigantesque implicite qui est bien là, telle la lettre volée, et qui commande largement la myopie insensée de nos gouvernements successifs depuis trente ans.

Le seuil de ce qui est audible est devenu très élevé dans nos sociétés de l'information. Permettre au citoyen consommateur de trier de la nouvelle pertinente dans un fatras de bruit est rarement gratuit. Voyez ce que coûte la publicité aux puissants quand ils s'efforcent de nous « vendre » des choses triviales. Les choses intéressantes restent confinées dans des ghettos culturels tandis que la foule, le peuple, le « public », n'ont droit qu'à la médiocrité. Pour les humiliés et les offensés, quand on ne vote pas, quand on n'a pas l'âge, attirer l'attention est un casse-tête. Pour que la société des médias modernes commence à entendre malgré elle le message subliminal des émeutiers, il aura donc fallu le désordre. Il aura fallu des morts : les deux premiers, qui furent l'occasion des émeutes ; le troisième, lors de la répétition en tragédie d'une scène mille fois rejouée sur les parkings des grands ensembles : le retraité défendant sa voiture, les jeunes se vengeant absurdement de dizaines d'accrochages quand ils jouaient au foot. Il aura fallu 3 500 arrestations en flagrant délit, 1 600 arrestations après coup et 500 condamnations (ces chiffres sont encore provisoires). Il aura fallu quelques dizaines d'expulsés (ils reviendront sans doute à Ceuta et Melilla tenter d'escalader les barbelés de la forteresse Europe pour rentrer chez eux, c'est-à-dire en France).

Nous sommes en état d'urgence. Le couvre-feu peut être décrété, département par département, dans nos banlieues, dans nos centres ville. Ce n'est pas rien. La France s'est gaussée avec hauteur de la proclamation d'un état de guerre sans fin contre le terrorisme par G. W. Bush et de la suspension de nombre de libertés fondamentales aux États-Unis par les lois Patriot 1 et Patriot 2 après le 11 septembre 2001. Mais, en exhumant une vieille loi de la fin de la guerre d'Indochine et du début de celle d'Algérie (1955), elle proclame l'état d'urgence pour quelques voitures brûlées par des adolescents. L'État algérien, qui réprima dans le sang l'insurrection kabyle, doit trouver que la chose ne manque pas de piquant, au-delà de son caractère blessant pour les vieilles générations qui ont connu l'État colonial français : celui des massacres de Sétif et Constantine en Algérie ou de Madagascar en Afrique ; celui du 17 octobre 1961 où un certain Maurice Papon fit jeter à la Seine quelques centaines d'Algériens. Pour ne rien dire de son caractère inconscient à l'égard de jeunes qui voient circuler les proclamations de quelques émirs fondamentalistes traitant la France d'ennemi numéro un.

L'État d'urgence n'est hélas pas une farce. Les tribunaux de la République ont distribué des années de prison ferme[7]. Au pays de Rabelais, un tribunal a condamné à deux mois de prison ferme un « émeutier » qui avait montré ses fesses aux policiers.

La révolte des banlieues n'est pas la révolte de l'Islam annoncée par Gilles Kepel il y a déjà longtemps. Que certains mouvements islamiques cherchent à la surdéterminer, avec des succès très marginaux, n'est pas douteux. Mais le caractère massif, au contraire, de la révolte d'octobre et novembre 2005 montre que le phénomène a des racines très similaires à celles des révoltes urbaines des minorités noires des États-Unis des années 1960-1970. N'en déplaisent aux fanatiques de « l'exception française », ces émeutes d'octobre et novembre 2005 ont tout de la révolte urbaine de minorités ethniques, dussent ces mots écorcher les lèvres des technocrates fiers de la programmation urbaine et celles des idéologues républicains. On verra que l'obstination qu'ils mettent à ne pas voir l'évidence constitue une bonne partie en revanche du problème français, non celui des émeutiers, des non assimilés ou non « intégrés », mais celui des institutions, de la recherche.

La question qui est désormais posée sur la table et qui ne peut plus être escamotée par des pirouettes rhétoriques sur la République et la « fracture sociale » est celle du message adressé par les émeutiers.

Je pèse mes mots, et c'est très délibérément que j'emploie ici le terme « message ». Le refus de parler qui a frappé les journalistes pressés et *l'establishment* est un message à lui seul. N'importe quel éducateur sait cela. La parole que l'on vous adresse se mérite. Elle suppose la confiance, l'amour et le respect, non des déclarations de guerre. Elle n'est certainement pas l'aveu extorqué sur un procès-verbal dans un commissariat. Le langage guerrier du ministre de l'Intérieur, annoncé par un très sot ou fascistoïde : « On va nettoyer les cités au karcher », ne pouvait pas obtenir d'autre réponse. C'est à se demander, au reste, si ce n'était pas cette réponse qui était attendue de sa part. Notre petit Napoléon IV ne chercherait-il pas quelque massacre de Saint-Roch pour apparaître comme le nouvel homme à poigne, le « sauveur » qui hante l'inconscient monarchique de la grande Nation ? Là, le coup a raté. Les émeutiers ont été calmes, comme en mai 1968, même si une radicalité nouvelle est née. Compte tenu des bavures quotidiennes, du racisme, de l'état désastreux de la discrimination à l'emploi[8], au logement, sans compter les autres discriminations culturelles qui font au moins aussi mal, la France peut s'estimer s'en tirer à bon compte. Les émeutiers n'écoutaient-ils rien ? Leur mutisme était-il de l'imbécillité ? Cela paraît difficile à croire, quand on voit que chaque provocation du gouvernement (Sarkozy le dimanche 30 octobre parlant de « racaille » et de « tolérance zéro », les mesures annoncées par Villepin le mardi 1er novembre) a entraîné un élargissement du mouvement d'exaspération.

Oui, mais pourquoi les émeutiers s'en sont-ils pris aux équipements collectifs scolaires (crèches, écoles, bus) ? L'incendie des écoles a été ressenti comme particulièrement injustifiable. C'est pourtant bien ce que l'on observe chez les exclus des lycées et collèges. Ils reviennent souvent près de leur ancienne école et essayent de la saccager. Le taux d'échec est si élevé que l'institution n'est plus perçue comme une aide, mais comme un instrument d'humiliation, d'élimination, de discrimination de plus. Brûler l'école que l'on n'arrive pas à suivre et dont on vous répète qu'il n'y a pas de salut en dehors d'elle, c'est aussi exprimer un dépit.

Le bruit du discours tautologique et vide de l'État sur l'ordre, l'autorité à restaurer, sur l'universalisme de la loi, visait à saturer les faibles capacités auditives et analytiques du quatrième pouvoir. Il y est parvenu en partie, mais les quelques reportages, pris sur le vif, étaient terriblement éloquents ; et les réactions plus tardives, les essais d'analyse, les prises de proposition ont fait enfin apparaître au sein de l'Hexagone quelque chose de visible depuis longtemps à l'extérieur. L'universalité de la République, cet orgueilleux modèle français proposé à satiété au reste du monde, est non seulement aussi nue que les modèles anglo-saxons d'intégration, mais il l'est même sans doute davantage.

Grâce à cette longue émeute et vraie révolte, on ne peut plus se dissimuler que la France est aveugle à la dimension racialisée et sexualisée de la question sociale, si importante dans la mondialisation actuelle[9]. On ne peut plus ignorer qu'elle est *daltonienne*[10] (*colour-blind,* disent cruellement les Anglais) : les télévisions évoquent tous les jours les problèmes d'intégration dans les banlieues en montrant de jeunes Noirs, souvent français ou originaires de nos anciennes colonies (par exemple de Côte d'Ivoire, où l'armée française est présente), mais les commentateurs[11] continuent à parler des Maghrébins et de l'islamisme ; et l'État, en la personne de son chef et de celle du premier ministre, continue imperturbablement à dénier toute existence légitime dans l'espace public français au fait communautaire, opposant « son modèle » et « sa compréhension » de l'intégration à la « mauvaise » conception anglo-saxonne[12] (en fait protestante, mais il l'ignore) de reconnaissance de l'appartenance communautaire ethnique, qui est inéliminable si l'on veut repartir de ce qui existe vraiment et non du Peuple décrété par le gouvernement. Alain Duhamel l'a vu tout de suite lorsqu'il a, dans sa tribune à *Libération*, parlé du bûcher de la République. C'est le modèle français d'intégration qui brûlait avec les émeutes, beaucoup plus que quelques carrosseries.

La République s'est retrouvée toute nue, et son habit républicain s'est révélé du vent. C'est pour avoir eu l'impudence et l'inconscience enfantine de le dire que cette révolte suscite tant de répression mais aussi tant de mouvements divers et contradictoires dans l'opinion.

Allons y regarder de plus près.

Notes
[1] A. G. Slama, *Le Figaro*, 7 novembre 2005.
[2] Sauf quelques exceptions (Marseille et Sarcelle par exemple) sur lesquelles nous reviendrons.
[3] Ministre délégué à la promotion de l'égalité des chances.
[4] L'appel des philosophes E. Balibar et B. Ogilvie, du psychanalyste F. Benslama, de la juriste M. Chemillier-Gendreau et de l'anthropologue E. Terray paru le 16 novembre dans *L'Humanité*, les tribunes d'Esther Benbassa du 9 novembre dans *Libération*, celle de Pierre Marcelle dans le même journal.
[5] « Ils sont entrés en politique », *Le Monde* du 11 novembre 2005.
[6] D'après *Libération*. La Saint-Sylvestre, particulièrement à Strasbourg, s'est déjà signalée depuis longtemps comme le baromètre de la tension sociale dans les quartiers « difficiles » ; mais cette « anomalie » est mise sur le compte de la fête et de l'inversion de valeurs dont elle est toujours le théâtre.
[7] En 22 jours, 3 101 personnes ont été placées en garde à vue, « 562 majeurs et 118 mineurs se sont retrouvés derrière les barreaux », précise *Le Parisien*. Ainsi, trois jeunes sur quatre jugés ont été condamnés à de la prison pour des faits de violence urbaine. Ce premier bilan a été établi par la chancellerie le 18 novembre. Près de 729 majeurs ont été jugés en comparution immédiate et 152 autres seront jugés ultérieurement. Les condamnations ont été appliquées à 422 personnes. Une politique de « fermeté », précise le *Parisien*, qui n'a pas épargné les mineurs. « Tous les mineurs contre qui nous avions des éléments et qui avaient l'âge d'être incarcérés l'ont été », a déclaré au quotidien le procureur d'Évry, Jean-François Pascal.
[8] Voir les résultats de la comparaison menée par les sociologues Richard Alba (SUNY à Albany) et Roxane Silberman (CNRS-Lasmas, Paris) entre les secondes générations de part et d'autre de l'Atlantique. La performance française est très préoccupante, avec les taux de chômage des jeunes les plus élevés d'Europe et des jeunes Africains particulièrement pénalisés sur le marché du

travail. Sur ce dernier point, voir Roxane Silberman et Irène Fournier, «Les secondes générations sur le marché du travail en France : une pénalité ethnique qui persiste», CNRS-Lasmas. Article à paraître dans *la Revue française de sociologie* en 2006.

[9] Cette évidence, fortement présente sur les continents nord et sud-américain, ainsi qu'en Australie, a touché l'Europe, et singulièrement la France, depuis très longtemps car il s'agit d'un trait constitutif de l'ordre colonial. Mais elle est un trait général des systèmes de taille mondiale, comme les travaux de I. Wallerstein, de Terry Hopkins et plus généralement des chercheurs du Centre Fernand Braudel le montrent depuis des années.

[10] J'avais employé ce mot persuadé que jamais les Républicains n'avoueraient ce défaut eux-mêmes ; Je me trompais. Alain Finkielkraut, dans son hallucinante mais révélatrice interview au grand journal israélien *Haaretz*, le revendique nettement. C'est une nouvelle version, quelque peu perverse, du voile d'ignorance de John Rawls.

[11] Par exemple, Alexandre Adler dans *Le Figaro* du 10 novembre.

[12] Dominique de Villepin et Chirac sont sur ce plan parfaitement fidèles aux arguments développés par la Commission Marceau Long qui présidait la Commission des Sages, lorsqu'elle rendit qui le Rapport *Être Français aujourd'hui et demain*, 10/18, 2 volumes. (1989). L'assimilation est nommée « intégration à la française ! » et l'hypothèse de quotas pour lutter contre la discrimination vigoureusement repoussée comme non conforme à la conception française et républicaine de l'intégration.

Tout va très bien, Madame la République !

La France est, dit-on, un pays où tout se termine en chanson. Des massacres de septembre 1792 à la Commune ; du féroce *Ah, ça ira, ça ira* au si triste *Temps des cerises*. Si le ridicule ne tue que dans les mots et qu'on n'a jamais vu, hélas, de gouvernement s'écrouler sous le poids de sa propre fatuité, le rire, lui, est libérateur pour ceux qui subissent l'humiliation quotidienne de la « cascade de mépris » à quoi Voltaire résumait si bien l'Ancien Régime. Mieux vaut donc en rire qu'en pleurer, avant de contenir l'un et l'autre pour essayer de comprendre.

Quelle chanson pourront bien chanter ces centaines d'adolescents qui, après avoir été déférés devant des tribunaux, iront moisir quelques mois dans des prisons qui font la honte du reste de l'Europe[1] ? Un rap rageur de plus sans doute. Tant mieux. Les groupes hip hop et les rappeurs, depuis longtemps à l'unisson des groupes similaires des banlieues du monde entier, ont redonné un peu de vigueur à une langue française châtiée, anémiée, formatée pour l'Eurovision. Quelques journalistes plus lucides que d'autres ont remarqué *post festum* à quel point les paroles du rap français avaient anticipé cette explosion de rage et décrit la vie merveilleuse qu'offre la République à ses enfants. Si l'Élysée a pris peur devant les émeutes, c'est peut-être parce que l'on avait en tête au Château la seconde partie censurée d'une chanson célèbre de NTM, qui parle des vieux et du palais présidentiel. Mais, comme disait le titre d'un des films de Godard d'après 1968 : *Tout va bien !* L'ordre moral d'après la Commune de Paris couvrit le pays des cathédrales d'églises hideuses en expiation de l'insurrection impie. Le tout était ponctué des célèbres pensées du Président Mac-Mahon : « Que d'eau, que d'eau ! ». Les zélateurs de la « tolérance zéro » font preuve de la même imagination Les chansons des rappeurs font entendre sans fard la réalité de la vie d'une partie de la population de ce pays. Qu'à cela ne tienne, trente-deux parlementaires, rapidement devenus deux cents, traquant les « responsables », les « meneurs » des troubles, comme le maréchal de Soubise à la recherche de son armée, ont trouvé les coupables. Ils ont proposé au garde des Sceaux de poursuivre leurs auteurs. En s'adressant à Pascal Clément ils ont frappé à la bonne porte. Ce dernier ne réclamait-il pas un usage « rétroactif » de la loi, intéressante nouveauté qui lui a valu une remontrance publique du président du Conseil constitutionnel ? Ministère Amer depuis longtemps disparu, poursuivi en 2005 pour des chansons de 1995. Le groupe n'existe plus. Certes, mais le problème pour ces honorables parlementaires est que ses albums sont encore disponibles dans les bacs. Ne devrait-on pas, à les entendre, reconstituer une procédure de mise à l'index républicaine[2] ?

Puisqu'il faut « être français » au pays de la chanson, dédions leur ces paroles adaptées d'une chanson célèbre de Paul Misraki. Les premières générations d'immigrés d'Afrique du Nord avaient déjà revisité la chanson de Trenet avec le film *Douce France, la saga du mouvement beur* de Mogniss H. Abdallah et Ken Fero. L'Angleterre venait d'être secouée par des émeutes « raciales » à Handsworth puis Brixton, en 1981. Entre la Marche pour l'égalité de 1984 et Clichy-sous-Bois, que d'eau en effet ! L'ennui, c'est qu'elle est dans la soute du vaisseau – et qu'il faut souquer ferme maintenant.

Donc, Tout va très bien Madame la République !

Sur l'air de *Tout va très bien Madame la Marquise*.

Allô, allô, Sarko, quelles nouvelles ?
Absente depuis quinze jours,
Au bout du fil, je vous appelle.
Apprenez-moi, vizir fidèle,
Que trouverais-je à mon retour ?

Tout va très bien, Madame la Marquise,
Tout va très bien, tout va très bien.
Pourtant il faut, il faut que l'on vous dise,
On déplore un tout petit rien,

Une fâcheuse électrolyse
Qui fit périr deux jeunes voyous,
Mais à part ça, Madame la Marquise,
L'ordre est à nous !
Tout va très bien !

Allô, allô, Jacques, quelles nouvelles !
Mes fils « racailles » ont donc péri ?
Expliquez-moi, cocher fidèle,
Comment cela s'est-il produit ?

Cela n'est rien, Madame la Marquise,
Cela n'est rien. Tout va très bien.
Pourtant il faut, il faut que l'on vous dise
Qu'on déplore un tout petit rien :
S'ils ont péri dans le transfo,
C'est qu'ils fuyaient en rodéo,
Mais à part ça, Madame la Marquise,
L'ordre est à nous, tout va très bien.

Allô, allô, Villepin ? Quelles nouvelles ?
Des rodéos ? Que fait Sarko ?
Expliquez-moi, valet fidèle,
Comment cela s'est-il passé ?

Eh bien voilà, Madame la Marquise,
Tout va très bien, la France va bien !
Pourtant il faut, il faut que l'on vous dise,
Sarko ne se sent pas tout à fait bien.
Quelques poubelles, beaucoup de feux
Qui ravagèrent votre banlieue,

Mais à part ça, Madame la Marquise,
L'ordre est à nous, tout va très bien !

Allô, allô, Clément, quelles nouvelles ?
Ma banlieue se trouve en émoi.
Expliquez-moi, greffier fidèle,
Pourquoi l'émeute s'en prend à moi ?

Eh bien voilà, Madame la Marquise,
Tout va très bien, tout va très bien.
Pourtant il faut, il faut que l'on vous dise,
La République est en danger :
Si ces jeunes gens ont tout brûlé,
C'est qu'ils réclamaient du respect,
Et pourquoi pas l'égalité !
Imaginez, imaginez,
[*Prononcer imaginêt, comme benêt, pour rimer avec respect*]
Madame la Marquise,
Au tribunal rétroactif, tout ira bien,
Tout ira bien !

Allô, allô, Jacques, répondez-moi !
L'état d'urgence est proclamé ?
Expliquez-moi, chef de l'État,
L'Élysée a-t-il donc brûlé ?

Eh bien, voilà, Madame la Marquise
Il s'en est bien fallu d'un rien.
Car voyez-vous, il faut que l'on vous dise.
La société ne va pas bien ;

Notre police est aux abois ;
Nos magistrats ne chôment pas ;
Mais à part ça, Madame la Marquise,
Tout va très bien, tout va très bien.

Apprenant qu'elle était ruinée,
L'égalité s'est suicidée.
Misère, prenant dans la fracture,
Nourrit les couacs et les bavures :
Voilà pourquoi, en un instant,
Le feu ravagea tout céans.
La discrimination est un poison
Qui rendit vain notre humanisme.
Le couvre-feu nous le rendra.
Trop peu d'argent dans les écoles ?
Soyons prodigues de paroles.
Trop peu d'emploi, poussons la voix !
Communiquons, communiquons !

Mais à part ça, Madame la Marquise
L'ordre a vaincu, tout va très bien.

Notes
[1] Une récente mission de l'Union européenne ne concluait-elle pas qu'elle n'avait vu pire situation qu'en Moldavie ?

[2] À ceux qui croiraient que nous exagérons, nous recommandons la lecture du rapport de la Commission prévention du GESI de l'Assemblée nationale, dit rapport Bénisti. Pour une analyse de ce monument typiquement français, voir Ariane Chottin-Burger, « On n'en croit pas ses yeux », *Vacarme*, Mars 2005, http://vacarme.eu.org/article480.html.

Les habits nus de la République

Petit conte d'après Andersen[1]

Très récemment, vivait une République qui aimait plus que tout s'habiller. Elle était au reste la capitale de la mode. Elle changeait très souvent d'habits, qu'on nommait « lois » ou « réformes », et dépensait une grande partie de son argent à s'habiller d'une somptueuse parure nommée « constitution ». Elle ne se souciait pas beaucoup de ses habitants et de leur logement, et si elle faisait construire de nombreux monuments, c'était pour y parader dans ses nouveaux atours. Elle avait une robe de loi, des manteaux en décret-loi, des bas en circulaire pour chaque heure de chaque jour de la semaine, et tandis qu'on dit habituellement d'une République qu'elle est gouvernée, on disait toujours d'elle qu'elle était « dans sa garde-loi à préparer ses nouveaux habits avec le garde des Sceaux, le grand chambellan et son premier ministre » !

Un jour arrivèrent dans ce pays de la mode deux habiles escrocs. Ils se faisaient appeler

« républicains », en toute modestie, et après avoir compris dans quel pays ils se trouvaient, ils affirmèrent être capables de tisser une tenue de la plus belle étoffe qu'on puisse imaginer. Elle était faite de trois pièces splendides qui s'appelaient « Liberté » pour le chemisier, « Égalité » pour la robe et « Fraternité » pour la veste. Non seulement ces vêtements seraient les plus beaux du monde, mais ils posséderaient l'étonnante propriété d'être invisibles aux yeux de ceux qui ne convenaient pas à leurs fonctions ou qui étaient simplement idiots.

« Voilà des vêtements bien précieux », se dit la République dès qu'elle apprit la nouvelle. « Si j'en avais de pareils, je pourrais découvrir qui, de mes enfants et de mes serviteurs, ne sied pas à ses fonctions et départager les intelligents des imbéciles ! Je dois sur le champ me faire tisser cette étoffe ! » Elle fit venir les habiles tailleurs, leur fit verser une confortable avance et leur ordonna de se mettre à l'ouvrage sur le champ…

Ils installèrent deux chambres à tisser, et trois tables d'ouvrage, une pour chaque pièce des habits nouveaux. Puis ils firent semblant de travailler car il n'y avait absolument aucun fil sur le métier. Ils demandèrent la soie la plus fine et l'or le plus précieux qu'ils prirent pour eux et restèrent sur leurs métiers vides jusqu'à bien tard dans la nuit.

« Je voudrais bien savoir où ils en sont avec mon nouvel habit, » se dit la République. Mais, vaguement inquiète à l'idée qu'il soit invisible aux yeux de ceux qui sont sots ou font montre d'impéritie, bien qu'elle ne craignît rien pour elle-même, elle préféra dépêcher le grand chambellan auprès des deux tailleurs. Chacun sur la place avait entendu parler des propriétés merveilleuses de la veste, du chemisier et de la robe, et tous étaient avides de pouvoir vérifier si leur voisin était inapte ou idiot. « Que mon vieil et honnête chambellan se rende auprès des tisserands, se dit la République. Il est le mieux à même de juger de l'allure de l'étoffe ; il est d'une grande intelligence, et personne ne fait mieux son travail que lui ! »

Le vieil et honnête chambellan alla donc dans l'atelier où les deux escrocs étaient assis, travaillant sur leurs trois métiers vides. « Que Dieu nous garde ! » pensa le ministre en écarquillant les yeux. « Je ne vois rien du tout ! » Mais il se garda bien de le dire.

Les deux escrocs l'invitèrent à s'approcher et lui demandèrent si ce n'étaient pas là en effet un joli motif et de magnifiques couleurs. « Comment trouvez-vous la veste Fraternité, demandèrent-ils avec le culot qui les avait si bien servis jusque-là. N'en trouvez-vous pas le point admirable ? Elle peut se retourner en un tour de main. » Puis ils lui montrèrent un métier vide sur lequel ils avaient, disaient-ils, le chemisier Liberté à l'ouvrage. Voyez comme il est souple, il peut se plier à tout. Le pauvre vieux chambellan, qui portait des lunettes et n'entendait plus très bien, se fit préciser de nouveau la couleur du chemisier. Il écarquilla les yeux plus encore, mais il ne vit bien sûr rien de plus. « Mon

Dieu, pensa-t-il, serais-je sot ? Je ne l'aurais jamais cru et personne ne devrait le savoir ! Serais-je inapte à mon travail ? Non, il ne faut pas que je raconte que je ne peux pas voir. » Aussi fit-il un grand effort sur la troisième table où était prétendument disposée la robe Égalité. « Un chef-d'œuvre, votre honneur, elle soulignera admirablement la ligne de majesté de sa grandeur la République et fera pâlir d'envie vos rivales au bal des Nations. Notez comme la fracture à la taille est bien maîtrisée, » dirent, narquois, ces rusés tailleurs. « Eh bien, qu'en dites-vous ? » demanda l'un d'eux, pressant.

« Ma foi, quelle splendeur, tout ce qu'il y a d'admirable ! » se hâta de répondre le vieux chambellan, en regardant au travers de ses lunettes qu'il ne portait pas toujours. « Ce motif et ces couleurs ! Je ne manquerai pas de dire à ma maîtresse la République que tout cela est bien dans notre tradition nationale. Voyez-vous, nous sommes un vieux pays. »

« Nous nous en réjouissons ! » dirent les deux tisserands. Puis ils nommèrent les propriétés que la robe Égalité avait de faire croire à tous ceux qui la verraient qu'ils étaient les plus heureux du monde, quand même ils vivraient dans des logements médiocres, le long des autoroutes, qu'on appelait alors des banlieues. Le vieux chambellan écouta attentivement afin de pouvoir lui-même faire l'article de mémoire lorsqu'il serait de retour auprès de sa maîtresse République. Ce qu'il fit sans tarder.

Les deux escrocs exigèrent encore plus d'argent,

plus de soie et plus d'or pour leur tissage. On vota donc des rallonges budgétaires pour terminer la robe Égalité en priorité ; c'était celle qui réclamait le plus d'argent. Ils mettaient tout dans leurs poches, et rien sur les métiers ; mais ils continuèrent, comme ils l'avaient fait jusqu'ici, à faire semblant de travailler.

La République était impatiente et envoya bientôt un autre honnête fonctionnaire, le premier ministre de son grand chambellan Villepinceau, pour s'informer de l'avancement du travail et demander si l'étoffe serait bientôt prête. Il arriva à ce serviteur ce qui était arrivé au grand chambellan : il regarda et regarda encore, mais comme il n'y avait rien sur le métier, il ne put rien y voir.

« N'est-ce pas là un magnifique morceau d'étoffe ? » lui demandèrent les deux escrocs en lui détaillant les splendides motifs. Ils portaient des noms très abstraits, mais très beaux : égalité des chances, école, employabilité, droit à la formation.

« Je ne suis pas sot, se dit le fonctionnaire. Serait-ce donc que je ne conviens pas à mes fonctions ? Ce serait plutôt étrange, mais je ne dois pas le laisser paraître ! » Comme il avait un grand talent d'orateur, de retour au Château, il fit l'éloge d'une robe dont il n'avait strictement rien vu, puis il exprima la joie que lui procuraient les couleurs et l'exaltant motif en forme de gargouille. « Oui, c'est tout à fait merveilleux ! » dit-il à la République. Je vais de ce pas faire un discours à l'Assemblée des Nations.

Dans la ville, tout le monde parlait des magnifiques nouveaux habits de la République, et celle-ci voulut les voir de ses propres yeux tandis qu'ils se trouvaient encore à l'atelier des deux chambres. Accompagnée de toute une foule de dignitaires, dont le grand chambellan et son premier ministre, elle se rendit chez les deux escrocs, lesquels s'affairaient à tisser sans le moindre fil.

« N'est-ce pas magnifique ? s'exclamèrent les deux fonctionnaires. Que Votre Grandeur admire les motifs et les couleurs ! » Puis ils montrèrent du doigt un métier vide, s'imaginant que les autres pouvaient y voir quelque chose.

« Comment ! pensa la République, mais je ne vois rien. C'est affreux ! Serais-je sotte ? Ne serais-je pas faite pour gouverner mon peuple ? Ce serait bien la chose la plus terrible qui puisse jamais m'arriver. »

« Magnifique ! Ravissant ! Parfait ! » s'écria-t-elle pour finir. « Liberté, Égalité et Fraternité constituent les plus beaux habits qu'il m'ait été donné de porter. » Elle hocha la tête, qu'elle avait fort charmante au demeurant, en signe de satisfaction, et contempla le métier vide ; mais elle se garda bien de dire qu'elle ne voyait rien. Tous les membres de la suite qui l'avait accompagné regardèrent et regardèrent encore ; mais bien qu'eux aussi ne vissent rien, ils répétèrent à la suite de la République : « C'est sublime ! » Puis ils conseillèrent : « Un tel vêtement sied à la majesté de votre personne, et à elle seule dans le concert des Nations. Il vous faut absolument porter ces habits d'exception à l'occasion de la grande fête de la liberté qui doit avoir lieu très bientôt. »

Merveilleux était le mot que l'on entendait sur toutes les lèvres, et tous semblaient se réjouir. La République décora chacun des escrocs de la légion d'honneur, qu'ils mirent à leur boutonnière, et elle leur conféra le titre de gentilshommes tisserands de la politique.

La nuit qui précéda le matin de la fête, les escrocs restèrent à travailler avec seize chandelles. Tous les gens pouvaient se rendre compte du mal qu'ils se donnaient pour terminer les habits neufs de la République. Nos tisserands firent semblant d'enlever l'étoffe sur le métier, coupèrent dans l'air avec de gros ciseaux, cousirent avec des aiguilles sans fil, et annoncèrent avec l'emphase qui convenait à l'événement : « Voyez, les habits neufs de la République sont à présent terminés ! »

« Voyez, Majesté, voici le chemisier, voilà la veste, et voici la robe ! » et ainsi de suite. « C'est aussi léger qu'une toile d'araignée ; on croirait presque qu'on n'a rien sur le corps, mais c'est là toute la beauté de la chose ! »

« Oui, oui ! » s'enthousiasmaient les courtisans ; mais ils ne voyaient toujours rien, puisqu'il n'y avait rien. « Votre Majesté veut-elle avoir l'insigne bonté d'ôter ses vêtements afin que nous puissions lui mettre les nouveaux, là, devant le grand miroir ! »

L'empereur enleva tous ses beaux vêtements et les escrocs firent comme s'ils lui enfilaient chacune des pièces du nouvel habit qui, apparemment, venait tout juste d'être cousu. L'empereur se tourna et se retourna devant le miroir.

« Dieu, comme cela vous va bien ! Quels dessins, quelles couleurs ! » s'exclamait tout le monde.

« Ceux qui doivent porter le dais au-dessus de Votre Majesté ouvrant la procession sont arrivés, » dit le maître des cérémonies tandis que le vizir chargé de la surveillance du cortège faisait beaucoup de grimaces pour se faire remarquer.

« Je suis prête, dit la République. Cet habit ne me va-t-il pas bien ? » Et elle se tourna encore une fois devant le miroir, car elle devait faire mine de bien contempler son costume.

Les valets qui devaient porter sa traîne, notamment celui à qui avait été confié la tâche de repasser les plis de la robe Égalité, tâtonnaient de leurs mains le parquet, faisant semblant de l'attraper et de la soulever. Ils se mirent cérémonieusement en mouvement faisant comme s'ils tenaient quelque chose dans les airs. Ils ne voulaient pas risquer que l'on remarquât qu'ils ne pouvaient rien voir.

C'est ainsi que la République marchait en tête de la procession sous le magnifique dais, et tous ceux qui se trouvaient dans la rue ou à leur fenêtre disaient : « Les habits neufs de la République sont vraiment admirables ! La robe égalité avec sa traîne de toute beauté, comme elle s'étale avec splendeur ! » Personne ne voulait laisser paraître qu'il ne voyait rien, puisque cela aurait montré qu'il était incapable dans sa fonction – ou simplement sot. Aucun habit neuf de la République n'avait connu un tel succès.

« Mais elle n'a pas d'habit du tout ! » cria soudain

un gamin noir comme du charbon qui jeta en plus un pétard dans la foule. « Entendez la voix de l'innocence ! » dit son père, et chacun de murmurer à son voisin ce que l'enfant avait dit.

La foule hésita, puis elle murmura à l'unisson : « Mais elle n'a pas d'habit du tout ! La République est nue ! » La République frissonna, elle avait froid, et il lui semblait bien que le peuple avait raison, mais elle se dit : « Je dois tenir bon jusqu'à la fin de la procession. » Le cortège poursuivit donc sa route ; le chambellan et ses valets continuèrent de porter la traîne qui n'existait pas.

De retour au palais, la République fit convoquer les deux tisserands qui n'en menaient pas large. « Tisserands très habiles, vous m'avez certes fabriqué une robe admirable pour les cérémonies, mais le tissu est un peu léger pour la saison, et je vais passer des vêtements d'hiver. Expliquez-moi pourquoi cependant ces tissus merveilleux ne sont pas visibles aux yeux de ce petit morveux tout noir qui a troublé notre beau défilé ?

– Votre grandeur, ce petit sauvageon moricaud, (cette racaille renchérit le grand vizir qui pour se faire pardonner s'était empressé d'ordonner que l'on mît l'enfant en prison avec son père et sa mère et toute leur nombreuse famille si on les trouvait) s'il avait existé, serait tout simplement un idiot ou un faible d'esprit, c'est pourquoi il ne saurait voir. Mais la vérité est encore plus surprenante que cela ; celui que vous avez cru entendre à ce défilé était un pur mirage, une illusion bien connue de ceux qui sortent trop de votre beau pays d'exception, et nous avions omis de vous munir des lunettes merveilleuses que nous avions préparées pour vous et votre Cour. N'oubliez pas de les porter la prochaine fois que vous mettrez la robe Égalité et Liberté et Fraternité qui vont avec. Le noir et, plus généralement, les couleurs importunes, en particulier les nuances dites arabesque et mauresque, cesseront de vous gêner. »

Le grand chambellan, qui était un peu sourd, et son premier ministre convinrent qu'effectivement tout était question de lunettes. Au lieu de chasser les deux tailleurs escrocs, ils décidèrent de concert avec leur reine la République de leur verser une prime supplémentaire pour cette nouvelle invention prodigieuse.

Ceux-ci empochèrent la somme rondelette qui s'ajoutait à tout ce qu'ils avaient détourné, mais ils jugèrent plus prudent de quitter le pays avant la fête suivante.

Les républicains daltoniens

Dans la France de 2005, le char de l'État, accompagné de sa flamboyante gargouille, de son monarque aux vérités premières et d'Iznogoud, son vizir de l'ombre pourtant très bavard sur les télévisions, traverse peu ces banlieues qu'il a lui-même édifiées à la hâte, en cinquante ans, bien avant que l'on ait prononcé le mot de néolibéralisme. L'État préfère le clinquant des Champs-Élysées ou bien l'efficacité mâtine des voyages électoraux organisés sur mesure dans des provinces bien rurales, ou encore des centres-villes rénovés, « gentrifiés », même si dans la capitale du « bon goût » et de la République, 35 % des sans domicile fixe ont un travail[2]. Et, lorsqu'il se risque, dans tout l'appareil de caméras flatteuses, au chevet des banlieues, on a pris soin d'ôter préalablement les voyous, la « racaille » et les « caïds » qui font tache.

Cette fois-ci, la « racaille » s'est invitée au défilé. (Une racaille bien sage à en, juger par ce qui ressort des prétoires : 80 % des émeutiers, âgés de 16 à 17 ans, n'ont pas de casier judiciaire[3].) Et personne, sauf l'État, muré dans un aveuglement qui a toujours fait le lit des révolutions, ne peut nier en avoir entendu les voix cristallines. Certes, ce n'était pas celle de l'innocence, mais celle, moins apaisante, de la vérité sur notre société républicaine et nationale. Avec une inconscience totale, un mépris du danger qui n'est pas sans rappeler Gavroche et qui honore la véritable République, celle de 1848, la « racaille » a crié rageusement : « la République est nue », « le racisme est quotidien », « pourquoi valons-nous si peu que l'on nous traite « d'électrocutés », selon les mots soigneusement choisis du ministre de l'Intérieur ? » Nous ne sommes pas chez Andersen, mais dans un pays rarement réformiste, de temps en temps révolutionnaire, et généralement très réactionnaire.

Depuis la révolte, le char de l'État se précipite dans les banlieues. Il y a vingt ans, le centralisme jacobin fut mis sur la sellette. Le premier ministre d'alors, Édith Cresson, une socialiste, sentant qu'on touchait à l'ubuesque, décréta que les conseils de ministres et les grands organismes d'État se rendraient en province. La spécificité française de cette décentralisation (nommée ailleurs régionalisation ou dévolution) fut d'ériger chaque région en petite capitale reproduisant souvent à l'identique le centralisme jacobin. L'État va donc se rendre dans les banlieues, dans les quartiers difficiles. Il s'y rendait déjà abondamment avant les émeutes en la personne de Jean-Louis Borloo ou, sous les socialistes, de Bernard Tapie (quoique la révolte des Minguettes n'ait pas peu contribué à cette mobilisation au moins verbale). Mais il faut croire, à en juger par la révolte d'octobre-novembre 2005, que l'intervention publique continue à porter des lunettes qui filtrent les couleurs et qu'elle n'a pas fait la différence entre des quartiers en état d'urgence sociale et économique où la population serait blanche, fort peu étrangère et des quartiers black et beur et d'immigration récente.

Quoi qu'il en soit la « racaille » qui troubla d'ordre public a payé très cher son insolence. Le grand vizir des janissaires, bien qu'il n'aime pas le mot, trop turc à ses yeux, s'affaire pour fabriquer après coup la démonstration de son hypothèse. La mafia n'était pas là. Pas étonnant d'ailleurs, à aucun moment dans l'histoire la mafia n'aime le désordre qui trouble le bizness et énerve inutilement les policiers. Elle n'était pas au rendez-vous. Mais vous ignorez, me dira-t-on, que les services de police connaissent bien plus de fauteurs de trouble que ceux sanctionnés judiciairement par des magistrats trop indolents. Le karcher policier, si possible libéré de toute entrave administrative qui complique son intervention, est quand même bien plus efficace que le karcher judiciaire. La justice porte un bandeau (elle est censée être aveugle à la couleur). La police n'a pas ce bandeau : elle sait taper dans les populations pathogènes. Elle connaît les couleurs coupables, statistiquement. Si ce n'est toi, c'est donc ton frère. « J'appelle un chat un chat, des voyous de la racaille, et des « grands frères » des « caïds », » s'obstine notre ministre. Quelques rafles à point nommé exhibent le butin d'affaires depuis longtemps sur le fourneau. Elles associent utilement dans la tête des millions de téléspectateurs quartiers difficiles et « réserves » de la criminalité organisée. Plus de 5 000 interpellations en fin de course, des condamnations qui ont plu bien dru. De quoi exaspérer les magistrats chargés dorénavant de maintenir un ordre que la police par sa pratique sur le terrain a rendu ingérable. Mieux, les mineurs étaient accompagnés au tribunal d'éducateurs qui pouvaient renseigner les juges. « Que diantre ! balayez-moi tout cela, » rugit notre Nicolas Sarkozy. Exit donc les accompagnateurs devant le juge. Trop enclins à l'indulgence. Quant aux éducateurs, ils seront priés de collaborer avec la police à l'avenir ; en clair : de dénoncer. Notre apprenti Nicolas Napoléon IV pense ainsi écraser ses rivaux à la présidentielle de 2007 en flattant le retraité apeuré, le villiériste souverainiste, le frontiste raciste et quelques chevènementistes et fabiusiens statolâtres. Qu'une multitude insignifiante, muette et insupportable dans son message, le paye, c'est le cadet de ses soucis, comme de l'autre côté de son propre camp, chez ses pires ennemis, on a attendu une bonne semaine et demie d'émeutes avant de descendre dans l'arène, histoire de régler au passage quelques querelles de palais. Et tant pis pour des centaines de jeunes à la scolarité brisée, des familles montrées du doigt, des quartiers un peu plus désignés en bloc comme « à disperser ». Quant aux petits 10 % de non-citoyens français pris l'émeute dans le sac, ils vont le payer par des expulsions qui toucheront même des immigrants ayant des cartes de séjour en règle a annoncé, avec une désinvolture qui traduit bien son peu de culture et de respect pour le droit, ce même ministre de l'Intérieur, qui avait pris position contre la double peine et qui la rétablit maintenant à la faveur de l'état d'urgence sans que l'Assemblée nationale sorte de son sommeil.

Si, sous l'habit orléaniste néolibéral, perce en Sarkozy une droite bonapartiste, autoritaire et partisane des communautés sur mesure (à condition qu'elles soient tenues en main par un consistoire tout napoléonien), du côté néogaulliste, on donne beaucoup dans le paternalisme patronal du... XIXe siècle. Après l'ordre, le travail. La famille, quant à elle, est vite venue se joindre au concert à travers les lamentations sur une polygamie dont la réalité est gonflée comme une baudruche[4]. Et la patrie est sans doute donnée de surcroît[5]. Ainsi, le premier ministre a-t-il lancé son arme suprême contre les causes sociales qui font pousser la « fracture sociale » (lui ne parle pas de « racaille »). On va s'occuper de ces jeunes, leur trouver du travail, comme apprentis dès quatorze ans pardi ! Quelle fantastique régression dans le projet éducatif et quel lamentable retard sur le programme de Lisbonne ! On va les recevoir tous à l'ANPE dans les six mois pour leur proposer, sans doute, ces brillants contrats pour quelque quart ou moitié de Smic (entre 300 et 500 euros). « Le dernier mot restera à la Loi, » répètent, comme pour mieux se persuader d'une histoire à laquelle ils ne croient plus, les serviteurs d'une République vêtue des habits mirifiques de l'intégration « à la française » que nous vendent des tailleurs escrocs en tout genre. Pas un mot sur la couleur des émeutiers. La « racaille » est contrôlée plusieurs fois par jour dans la rue sur son faciès de couleur dans les banlieues. Mais la couleur noire des émeutiers est taboue. Les lunettes qui préservent la vue de la lumière trop vive des couleurs sont l'ultime trouvaille de nos néorépublicains, qui constituent l'exact pendant des néoconservateurs américains et qui sont tout aussi dangereux qu'eux. Ils sont bel et bien daltoniens – et fiers de l'être. Cela leur permet sans doute de conduire le char de l'État de façon plus sûre dans les dangereux carrefours de la mondialisation.

Alain Finkielkraut ne déclare-t-il pas, dans l'hallucinante anthologie à verser au dossier clinique d'hystérie républicaine qu'est son interview au quotidien Haaretz, publiée également aux États-Unis : « J'ai été tout simplement scandalisé de ces actes qui se sont répétés et encore plus scandalisé par la compréhension qu'ils ont rencontrée en France. On les a traités comme des révoltés, comme des révolutionnaires. C'est la pire des choses qui pouvait arriver à mon pays et je suis très malheureux. Pourquoi ? Parce que le seul moyen de surmonter c'est de les obliger à avoir honte. La honte c'est le début de la morale. Mais au lieu de les pousser à avoir honte, on leur a donné une légitimité : ils sont « intéressants ». Ils sont « les damnés de la terre ». Imaginez un instant qu'ils soient blancs comme à Rostock en Allemagne, on dirait immédiatement : le fascisme ne passera pas. Un Arabe qui incendie une école, c'est une révolte ; un Blanc c'est du fascisme. Je suis daltonien : le mal est le mal, peu importe sa couleur[6]. »

Alain Finkielkraut est depuis longtemps passé à droite, même s'il ne s'en est pas aperçu (il n'est pas le seul dans ce cas). Quel mal y a-t-il à cela ? Mais le plus curieux est que son daltonisme afflige aussi le président de la République et la droite légitimiste – qui veulent bien parler du poison de la « discrimination » mais qui refusent obstinément toute mesure positive de lutte anti-discriminatoire (*affirmative action*[7]) – et la gauche, et non la plus réformiste. Le cas du ministre de l'Intérieur est plus tordu : comme nos escrocs de la fable, Nicolas Pépin a très bien compris que l'égalité est de la poudre aux yeux, et que les lunettes peuvent servir à endormir tant le peuple que ses rois fainéants du néogaullisme dans la béatitude républicaine. Que le peuple en soit, lui aussi, anesthésié, de quoi faire passer quelques lois antiterrorisme, lui va parfaitement. En revanche en bon cynique, il est prêt à reconnaître les couleurs pourvu qu'elles permettent des accords féodaux.

Ce qui est intéressant dans le syndrome Fink, au-delà de ses tics stylistiques, appelons-les ainsi, c'est qu'il touche nombre d'intellectuels et d'hommes politiques, qu'il constitue un invariant culturel français. Du côté de l'école et de l'éducation, il est très fort et toujours mystique, tout en ayant perdu les indignations de Péguy et la sensibilité sociale des hussards de la République[8].

Les émeutes urbaines produites par la discrimination, la misère, le racisme, l'inégalité d'un capitalisme sans frein sont générales sur notre planète. Le racisme de la police est le phénomène le mieux partagé du monde. Et de façon assez virulente et nuisible à l'ordre public pour le coup, tant que cette police ne reflète pas la composition de la population ce qui ne réglera pas tous les problèmes, notamment ceux de corruption, mais évitera quelques émeutes encore plus violentes.

L'étonnant regard qu'Alain Finkielkraut porte et fantasme sur les émeutiers (après ses saintes colères contre ceux qui renvoyaient au ridicule la loi sur le voile à l'école) nous conduit tout droit aux racines de ce refus de principe de faire attention à la singularisation de l'inégalité, à cette crispation sur

« l'universalisme » de la République, même quand celui-ci brasse du vent. On a là affaire à un *obstacle épistémologique* qui se déploie à tous les niveaux : d'abord au niveau quotidien de la mise en mots de la réalité sociale, ensuite aux grilles qui sont utilisées pour en rendre en compte, aux interdits comme aux obligations qui forme le bloc idéologique de la vie et de la classe politique, enfin à l'imaginaire, aux rites et au fonctionnement de l'État républicain, y compris dans sa projection culturelle si importante dans notre pays.

C'est ce que nous examinons au chapitre suivant.

Notes

[1] Andersen, « Les habits neufs de l'Empereur ».

[2] *Le Journal du Dimanche* du 27 novembre 2005.

[3] *Le Monde* du 26 novembre 2005.

[4] 30 000 familles polygames selon quelques parlementaires excités et notre académicienne (une des très rares dans un pays où la classe politique mâle ne chérit pas la parité) ; 3 000 disent les associations africaines. Rapprochons ces chiffres du nombre de Français qui vivent avec une maîtresse ou un amant sans divorcer, du nombre de familles recomposées, du nombre d'enfants nés hors mariage (ceux que l'on appelait naguère, des enfants illégitimes pour remettre à sa place cette prétentieuse analyse causale !

[6] Voir « *What sort of Frenchmen are they?* » entretien avec Alain Finkielkraut par Dror Mishani et Aurelia Smotriez (http://www.haaretz.com/hasen/spages/646938.html). De cette interview, qu'il faut lire absolument dans son intégralité (et pas dans la version abrégée du *Monde* qui lui a permis de ne pas se reconnaître en elle), l'auteur n'a retiré que quelques éléments (les plus sots), mais il a « assumé » l'essentiel (*Le Monde* du 27-28 novembre). Disserter sur le racisme d'Alain Kinkielkraut

m'apparaît futile, l'interpeller sur son irresponsabilité profonde et en France et en Israël, plus opportun. Mais beaucoup plus intéressant, en revanche, dans la mesure où il n'a pas intenté de procès à Haaretz et donc assume la paternité de son propos, le fait qu'il mette lui-même à nu, presque inconsciemment les traits du républicanisme français. Il s'avère donc un cas clinique parfait pour une analyse de la République en situation d'hystérie. Il dit ou plutôt est travaillé tout haut parce qui est beaucoup plus caché d'ordinaire.

[7] Le fait que l'expression anglaise *affirmative action*, notion positive, ait été perfidement traduite (et trahie à dessein ou inconsciemment) par le français « discrimination positive », où l'adjectif positif est neutralisé de façon par le terme négatif de discrimination, est révélateur de l'imaginaire républicain français.

[8] On nommait ainsi les Instituteurs de la IIIe République parce qu'ils combattaient vraiment l'inégalité sociale.

Les trois taies dans l'œil de la République

> Taie : nom qu'on donne vulgairement aux diverses tâches blanches et opaques qui se forment quelquefois sur la cornée à la suite de quelque traumatisme.

La République « *colour-blind* »

La France ne souffre pas seulement d'une fracture sociale – celle-là est hélas quasi générale –, elle souffre d'une sérieuse *fracture visuelle*. Le daltonisme des républicains consiste en une incapacité de percevoir la couleur, d'accepter la diversité autre que culinaire et musicale, assortie d'une prétention assez insupportable à s'arroger le monopole de l'universel – et tant pis pour les autres peuples du monde. Quand, pour diverses raisons tenant aux limites intellectuelles, au racisme, à la xénophobie, au mépris ou à la crainte de la multitude, au désespoir, au cynisme politique ou bien à un cocktail de quelques-uns de ces ingrédients, cette méconnaissance en arrive à un déni absolu de la réalité, on peut parler d'une atteinte de républicanisme aigu dont le syndrome de Fink est un des symptômes intéressants[1]. Si les lunettes de notre version du conte d'Andersen sont tellement courantes, c'est probablement parce qu'elles correspondent parfaitement à la cornée de la République. L'œil de la République à travers lequel voient la plupart de nos concitoyens (et, de façon générale, tout être passé par l'école « de la République », notamment les enfants d'étrangers installés en France) présente trois taies majeures qui expliquent la cécité partielle qui l'affecte et, avec elle, ses « enfants », quand une bâtardise quelconque (métissage, exclusion, persécution culturelle, politique, religieuse ou sexuelle) et l'apprentissage de la condition minoritaire ne les ont pas guidés hors des sentiers battus.

Quelles sont ces tâches sur la cornée qui créent autant de zones aveugles dans le champ de vision ? La première de ces taies est la cécité à la couleur. Elle provient de la persistance d'un héritage colonial encore mal maîtrisé. Le second aveuglement est le refus de reconnaître sous quelque forme que ce soit, sauf travestie en son contraire, toute forme de minorité collective. Elle nous renvoie à un soubassement plus profond et plus ancien que le colonialisme moderne : le soubassement religieux pratiquement mono catholique de la France, pays de la Révocation de l'Édit de Nantes (1685). La troisième taie dans l'œil de la République croise les deux précédentes : elle touche à sa façon de traiter la catégorie particulière d'enfants qu'elle a eus, qui ne sont pas catholiques et qui viennent de l'ancien empire colonial par leurs parents immigrés, et qu'elle transforme en minorités qu'elle le veuille ou non.

Ces trois taies concernent toutes les minorités chez qui se croisent la couleur, la religion, l'infériorisation de classe et de statut social pour former ce condensé bien réel que la sociologie anglo-saxonne désigne par le terme d'ethnicité ou de dimension communautaire. Ces deux termes suscitent un haut-le-cœur violent chez tout « bon républicain » français. Toute reconnaissance dans l'espace public d'une dimension collective de cet ordre est supposée conduire au chaos, à la destruction de l'identité « nationale » et à la guerre civile[2]. Il est symptomatique que, lors de l'affaire du « foulard islamique », qui avait déjà suscité quelque surprise à l'étranger (et pas simplement à l'étranger nordique et protestant, mais également au Sud et à l'Est), des gens aussi peu soupçonnables de complaisance à l'égard du colonialisme ou du nationalisme que Maxime Rodinson, disparu en mai 2004, ait pu mettre en garde dans les colonnes du *Monde* contre le « modèle communautariste » en se référant au risque pour la France de sombrer à nouveau dans les guerres de religions du XVIe siècle ou encore dans une guerre civile à la libanaise. Le spectre de la guerre civile s'accompagne chez les républicains français d'une véhémente défense de l'État et de ses bienfaits tandis que la société est toujours dépeinte sous les traits d'une « guerre de tous contre tous », conforme à la philosophie contractualiste de Thomas Hobbes, où la foule et la multitude doivent confier à l'État la composition de l'intérêt général. Dire que le culte de l'État dans ce qu'il peut avoir de meilleur comme de pire est chez les républicains poussé à l'extrême, jusqu'à la statolâtrie, n'est pas les insulter. Ce point n'est pas sans conséquences pour notre examen ophtalmologique de la République.

Pour suivre l'apologue du conte d'Andersen, disons que les lunettes qui ne voient pas la couleur (particulièrement la couleur noire ou café au lait ou encore le « type méditerranéen » des rapports de police) ont été distribuées si massivement que la quasi-totalité des commentateurs n'a eu recours qu'à des termes comme révoltes urbaines, crise sociale, crise urbaine, population étrangère, « clandestins », « délinquance », « caïds », criminels, jusqu'au terme racaille, simple retournement populiste du verlan « caillera », évitant ainsi soigneusement le moindre marqueur ethnique (de nationalité, de couleur, de religion). Les seuls à le faire ouvertement ont été le Front National et Alain Finkielkraut, d'où le scandale qu'a suscité ce dernier. « Il ne manquait plus que cela, » se sont écriés en chœur tous les républicains légitimistes. Reconnaître qu'il y a des « Noirs » et des « Arabes », ce serait faire le jeu de Le Pen et accroître les tensions en leur conférant une dimension ethnique. Il y a quelques années de cela, une controverse a sévi à l'INED en 1998 (Institut d'études démographiques) et à l'INSEE : il s'agissait de savoir s'il fallait introduire dans le recensement des questions sur la nationalité, l'origine et a fortiori la religion des parents des recensés. Michèle Tribalat soutenait la nécessité de recueillir ces éléments (tout en les préservant de tout usage administratif[3]) tandis qu'Hervé Le Bras s'y opposait fortement[4]. Le problème, pour revenir à la couleur des émeutiers, est que chez nombre de républicains, les dénominations utilisées pour marquer les émeutiers sont une convention et que derrière des mots « *colour-blind* » ils savent pertinemment qu'il y a bien une réalité racialisée. Mais ils lui interdisent d'apparaître dans l'espace public. Comme le dit Patrick Simon : « Préférer l'indifférenciation, c'est jeter un voile sur l'expérience de ceux qui sont « racisés »[5]. » C'est en ce sens qu'on peut parler d'un effet de racisme institutionnel produit à partir de prémisses qui s'affichent vigoureusement antiracistes. C'est bien la raison pour laquelle le CRAN, fédération des Noirs de France fondée le 26 novembre, a mis les pieds dans le plat et expliqué qu'il fallait mentionner la couleur dans la société et non se contenter de la désigner à mot couvert et exclusivement à l'occasion d'émeutes.

Mais le républicanisme daltonien a la peau dure, même à la gauche de la gauche. La tribune publiée très tôt par des membres du Conseil scientifique d'Attac, A. Lecourieux et C. Ramaux[6], s'en prend à l'idée, avancée par Alain Duhamel, d'une fin du modèle français d'intégration républicaine, mais réserve ses coups les plus sévères aux sociologues

Didier Lapeyronie et Laurent Mucchielli. Voici comment Lecourieux et Ramaux comprennent les interventions de ces derniers : ils « ne sont pas travaillés par le doute. Ils fustigent le " modèle social français " qui, la crise en témoignerait, ne serait que poudre aux yeux. À l'appui de leur démonstration, les auteurs utilisent abondamment le procédé qui consiste à "faire parler" les jeunes. "À leurs yeux", la promotion par l'école est réservée aux "Blancs", les services publics ne sont "plus du tout des vecteurs d'intégration" mais de la simple "charité", "les mots de la République" se "vident de leur sens" et sont "perçus comme les masques d'une société "blanche". »

Que leur reprochent-ils ? En gros, de détourner l'attention de la recherche de la véritable cause des émeutes et de prôner un communautarisme déguisé.

« Le libéralisme économique justement [...] nos deux sociologues radicaux ne l'évoquent jamais. Non qu'ils le soutiennent. Mais leur priorité est autre. Certes, indiquent-ils, il "est urgent de rétablir un minimum de politique sociale", l'idée d'un "maximum" ne les effleurant pas, mais il est avant tout indispensable de favoriser l'« affirmation identitaire » des jeunes issus de l'immigration, non seulement au niveau culturel, mais aussi et surtout au niveau politique. Communautarisme ? Les auteurs ne le revendiquent pas explicitement. Utilisant à nouveau l'esquive rhétorique, ils se contentent de lancer leurs flèches contre ceux qui s'y opposent.

« Oui, nos auteurs, avec bien d'autres, ont raison de pointer les graves limites et échecs de la « République » instituée, avec un grand « R », telle qu'elle a existé (la colonisation menée en son nom, etc.) et telle qu'elle existe (les ghettos, les discriminations au faciès, la ségrégation scolaire, sociale, etc.) Mais est-ce une raison pour jeter le projet républicain par-dessus bord ? La République a toujours été inachevée. Le creuset républicain contient sans doute une part inhérente de violence symbolique (les immigrés doivent apprendre une nouvelle langue pour participer aux affaires de la cité, etc.) Il ne justifie pas les discriminations passées et présentes. »

On a là un remarquable concentré de la vulgate républicaine de gauche et du regain de vigueur qu'elle puise dans son repoussoir, le libéralisme, qui permet d'oublier d'où viennent les maux des banlieues et de quel type d'exclusion nous débattons. La République est fragile, dit en substance cette vulgate ; elle est fragilisée par la mondialisation néolibérale ; il ne faut pas l'affaiblir davantage. Mais les magnifiques banlieues qui ont produit des émeutes comme un pommier des pommes, de quand datent-elles ? Certainement pas de 1975-1990. Et le racisme qui traitait les Algériens de « crouilles » et de « ratons », a-t-il été inventé par le FMI ?

La traduction claire de ce galimatias pédant est le raisonnement vingt fois entendu par les femmes et toutes les minorités : les objectifs de lutte pour la libération doivent se subordonner à l'objectif englobant et supérieur de la lutte contre l'exploitation, ce qui sert souvent un nationalisme le plus plat (on parle aujourd'hui plus volontiers de « souverainisme »). Qu'il y ait une intrication étroite des facteurs de pouvoir et de domination avec la persistance de rapports d'exploitation n'effleure même pas nos économistes bardés de probité candide. Ils ne perçoivent pas davantage que sans affirmation communautaire, la fin de l'oppression et de l'exploitation deviennent un pur tour de passe-passe au même titre que l'égalité ou la liberté aux frontons de la République – pour ne pas parler de la fraternité, abandonnée depuis longtemps. Cette affirmation communautaire exprime un besoin de libération qui n'est ni de la même qualité, ni de la même intensité entre un homme et une femme, entre un Blanc et un Noir, entre un esclave et un homme libre, entre un sans-papiers et un immigré doté d'une carte de dix ans, entre un étranger soumis au régime discriminatoire des permis de séjour et un national, entre un minoritaire sexuel et une personne *straight*, entre un protestant, un juif ou un musulman et un catholique dans les conditions spécifiques d'une société[7], en particulier celles de la France post-coloniale. Mais cela n'empêche pas nos deux compères économistes de morigéner froidement des sociologues qui, après tout, en savent un tout petit peu plus qu'eux en matière de luttes urbaines : « […] La révolte dans les banlieues est d'abord une révolte sociale, parfaitement légitime à de multiples égards. Elle n'en prend pas moins parfois, à l'instar de l'exaltation religieuse de certains, une forme foncièrement réactionnaire. » Quelle exaltation religieuse chez les émeutiers d'octobre-novembre, eux qui ont également envoyé promener les imams sur lesquels le bon apôtre Sarkozy comptait puisqu'il avait coupé les subventions à la plupart des associations de quartiers qui auraient seules pu engager un dialogue avec les jeunes ? Mais nos cuistres maîtres d'école poursuivent : « L'histoire nous montre que toutes les formes de révolte ne sont pas bonnes à prendre. Puisse la révolte en cours ne pas conforter les scénarios les plus noirs, mais susciter l'impérieux sursaut vers un nouveau projet, républicain pour être commun. »

Mais ce nouveau projet républicain (disons plutôt « démocratique », tant la République est désormais marquée, comme le peuple que l'on sert à toutes les sauces, y compris au château de Saint-Cloud où monsieur Le Pen en est très friand) ne se fera pas sans changement radical d'idéologie. Avant de demander au bon peuple un « sursaut républicain », les prêcheurs républicains ne devraient-ils pas essuyer leurs lunettes ou effacer les taies sur la cornée de la République menacée de cataracte ?

D'où vient cette résistance inouïe, rebelle aux évidences les plus criantes ? Certainement de la taie coloniale, comme il apparaît de plus en plus clairement.

La taie coloniale

La même tribune, décidément précieuse, poursuivait :

« La France se grandirait à reconnaître ses crimes coloniaux et à engager une vaste entreprise de réhabilitation des apports, y compris présents, de l'immigration. La République se grandirait à entreprendre un audacieux programme d'intégration, au sens le plus noble du terme, en termes d'emploi, de logement, de scolarisation, de tous ceux qui subissent aujourd'hui des discriminations. N'est-ce pas un projet plus mobilisateur que se résigner au développement séparé dont est porteur, par essence, le repli communautaire ?

« Le « modèle social français » n'est pas, lui aussi, sans limite. La très faible protection accordée aux sans-emploi en témoigne. La crise en cours ne trouve-t-elle pas cependant l'une de ses racines dans la déconstruction libérale de l'État social (protection sociale, droit du travail, services publics et politiques économiques de soutien à l'activité et à l'emploi) ? Par un fantastique tour de passe-passe, les libéraux font de cet État, pourtant patiemment déconstruit depuis vingt ans, la cause de la crise. Ils sont ici dans leur rôle. On s'étonne de les voir rejoints par certains « radicaux critiques ». L'État, s'il peut être porteur des pires oppressions, s'il n'est pas sans défaut (la bureaucratie, etc.), ne peut-il néanmoins, si on admet que l'intérêt général n'est pas réductible au jeu des intérêts particuliers, être un instrument irremplaçable d'émancipation ? »

Les républicains aiment décidément l'État sous toutes ses formes. Ils aiment l'État français presque autant que la République. Et si cette défense de l'État, souvent baptisé de « social », mettait à nu autre chose, à savoir l'inconscient post-colonial et l'essoufflement d'un modèle assimilationniste qui date d'avant la guerre d'Algérie, mais aussi les résistances si fortes à toute mesure de discrimination positive, que ce soit dans le domaine de la parité entre les sexes, que dans le domaine de la couleur de la peau ? Le fait que les révoltés des banlieues ont prononcé si souvent le mot « *respect* » alors qu'on leur administrait des leçons de « civilité » et que ce soit après la police qu'ils en aient ne devrait pas faire réfléchir ? Il suffit de se reporter à ce que disaient les Noirs des ghettos américains dans les années 1960-1970. Mais les jeunes ne sont pas les seuls à parler du respect et de son contraire, le mépris, le mépris souverain. Les blogs pullulent de témoignages de professeurs, d'éducateurs, d'écrivains engagés dans un vrai travail d'école[8] certes, pas à l'École polytechnique. Et chacun sent qu'ils sont les vrais héritiers des hussards de la République, qu'ils ont droit eux aussi au respect et ne méritent pas d'être traînés dans la boue, comme cela est à la mode depuis que Jean-Claude Milner et Blandine Kriegel de fervents républicains ont allié cette mystique de l'État avec un étrange détachement de l'école d'avec la société. Une coupure très élitiste que les Républicains de la fondation de la IIIe République n'auraient certainement pas repris à leur compte ; pas plus que ce mépris de la réflexion pédagogique sur la construction sociale du rapport d'enseignement et de formation

La République française a réalisé, certes péniblement et partiellement, sa décolonisation extérieure ; elle n'a pas beaucoup avancé sur la voie de la décolonisation intérieure et de la critique de ses prétentions universalistes, laquelle passe par une mise à jour de son passé colonial, plein d'Oradour-sur-Glane (Sétif, Constantine, Madagascar, sans compter les répressions sauvages aux Antilles). Il ne s'agit pas de faire du Dieudonné, il s'agit de parler vraiment de la vérité historique, mais une vérité historique *située* qui ne peut faire abstraction de son propre positionnement[9]. Les excès de Dieudonné sont exactement comme les émeutes, le reflet des ravages du post-colonial, de l'imbécillité républicaine satisfaite. Les positions des « Indigènes de la République » peuvent prêter le flanc à des critiques dans leur simplification, dans le fait qu'elles « tordent le bâton dans l'autre sens ». Mais elles ne défendent pas une sorte d'hypostase anhistorique et mécanique des figures de l'esclave pour les projeter inchangées dans l'époque contemporaine. Elles cherchent à soulever la question d'une connaissance située aujourd'hui. L'objectivisme ou la prétention des universalistes républicain (point de vue naturel de l'État qui prétend toujours à la synthèse non partisane) font, comme par hasard, obstacle à l'émergence d'un regroupement communautaire et ethnique. Pourquoi une fédération des Noirs de France vient-elle de se créer dans la République, pourquoi s'est-elle fédérée sur l'exigence d'un réexamen de l'histoire, en particulier de l'histoire coloniale ? Parce que les descendants d'esclaves afro-descendants sont sensibles à des éléments de la réalité auxquels des Blancs descendants des maîtres des habitations, mais plus encore des hexagonaux sont imperméables voire instinctivement hostiles. Au demeurant, ce n'est pas simplement un souci de vérité historique et patrimoniale qui inspire de tels rassemblements, ce sont surtout les conditions faites aujourd'hui aux populations de couleurs dans la France Républicaines. L'invocation d'une « fracture coloniale » tire sa justification d'une analyse précise de l'actuelle fracture sociale, (une fracture qui n'a pas grand-chose à voir avec la rhétorique chiraquienne). Et pas l'inverse. Les historiens qui font la fine bouche devant la critique radicale du post-colonialisme français ont une parenté idéologique indéniable avec ce qu'expriment si crûment Lecourieux et Ramaux. La meilleure preuve en a été administrée par l'étrange tribune sur les émeutes signée par des historiens remarquables de la période coloniale, au-dessus de tout soupçon de complaisance avec le colonialisme. Dans cette tribune précédée du sous-titre sans équivoque « Il faut remettre en cause les choix néolibéraux qui ont conduit à l'explosion des banlieues », ces historiens récusent assez violemment toute analyse en termes de « fracture coloniale » et toute « ethnicisation » du problème qui feraient le jeu du capitalisme libéral et du populisme du Front National.

La République est une, elle doit demeurer unie, malheur à ceux qui la divisent, car ils conduisent au malheur. Cette tribune assez surréaliste s'accompagne de commentaires peu amènes envers les émeutiers et se réfère à l'exemple des diverses formes de « lumpenprolétariat » toujours fonctionnelles au capitalisme. Les auteurs rejettent tout autant deux solutions : « une aggravation de la discrimination en fonction de l'origine comme le fait le gouvernement, (ou) la lutte de minorités contre la société dominante. Une telle lutte ne pourrait déboucher que sur un populisme identitaire, c'est-à-dire une inversion indigéniste, un doublet du lepénisme, et conforter les tenants de la ségrégation et du racisme. »

On a là une illustration de la force de l'idéologie républicaine sur les esprits. Une telle position, venant de personnes placées nettement à gauche de l'échiquier politique serait inconcevable pour des démocrates de la gauche américains ou pour la plupart des Européens du Nord. Avec de tels principes jamais le moindre mouvement d'émancipation des Noirs n'aurait pu voir le jour non seulement à l'époque de l'esclavage, mais aussi à l'heure de la lutte pour les droits civiques ou bien aujourd'hui.

Décidément les émeutes font perdre la tête à beaucoup. D'autant que ces anticolonialistes convaincus terminent leur plaidoyer par cette question sybilline :

« Une République a perdu son âme entre Dien Bien Phu et Alger. La Ve la perdra-t-elle face aux banlieues[11] ? » Question étrange qui semble faire réapparaître par la fenêtre de la fin l'imaginaire colonial qu'on avait chassé par la porte. Question étrange également dans sa formulation sans doute mal maîtrisée. Il pourrait sembler logique de soutenir que la IIIe République et la IVe Républiques ont perdu leur âme respective lorsqu'elles s'illustrèrent dans les épisodes les plus noirs de la colonisation. Et pas dans des défaites retentissantes de leur projet colonial assimilationniste.

Du côté de l'Université, fortement engagée à gauche, on trouve donc installée la conviction républicaine que l'ethnicisation est le mal quasiment absolu (elle est placée à côté et en symétrique du Front National). Merci au passage pour les *race relations studies*, pour les *minorities studies*. L'idéologie républicaine est décidément tentée par une fermeture croissante.

Mais c'est encore pire au Parlement où se déroule un marchandage douteux. On voudrait échanger la reconnaissance des torts faits à l'Afrique et aux esclaves, en obtenant une amnistie pour solde de tout compte sur le « caractère positif » de la colonisation, notamment en Afrique du Nord. Alain Finkielkraut a sur le sujet des mots admirables : le « projet était ambigu, équivoque, parce qu'il se proposait d'éduquer des « sauvages » » et ne visait pas à l'anéantissement pur et simple.

Autrement dit, esclavagiser n'est pas un crime contre l'humanité, ni un génocide, pourvu qu'on laisse survivre en travaillant l'esclave et qu'on l'éduque (par le travail, cela va sans dire, car pour ce qui est de lire, les planteurs n'en voulaient pas plus que les Britanniques qui, au début du XVIIIe siècle, condamnaient de la peine de mort l'enseignement de la lecture à tout catholique irlandais). Mais mieux encore, Alain Finkielkraut a inventé un argument nouveau au chapitre de la supériorité de l'Homme blanc européen qui n'avait jamais été utilisé à ma connaissance. L'esclavage européen n'est pas comme les autres formes d'esclavage dans l'histoire, parce qu'il a inventé aussi l'abolition et l'émancipation [*sic*] ! Ainsi l'homme européen peut être satisfait : de tous les esclavagistes dans l'histoire, il a été le meilleur parce qu'il s'est repenti après 300 ans de profit et à produit ce merveilleux fruit des Lumières que serait l'abolition ! Raisonnement qui, une fois de plus, réduit à néant le rôle des esclaves noirs dans l'abolition et l'instabilité de ce système génocidaire. Raisonnement aussi très dangereux, car l'homme européen (ici plutôt allemand tandis que l'esclavage fut plutôt une spécialité portugaise, anglaise, hollandaise et française) s'illustra dans un génocide des Juifs sans équivalent dans l'histoire et inventa aussi l'abolition dudit génocide en dix ans ! L'absurdité de ce genre de raisonnement ne mérite pas qu'on s'y attarde davantage, sinon pour dire qu'il a de quoi produire directement des dieudonniaiseries !

La France Républicaine a bien effectivement un impensé colonial ! On peut imaginer sans peine la colère dans l'Hexagone, dans les confettis de l'Empire, de ceux qui attendaient depuis deux siècles que la République reconnaisse qu'il s'était fait en son nom, et au nom de peuple français, des choses aussi ignobles que ce qu'a fait Vichy, quand ils voient qu'une partie des représentants « du Peuple » vote sans sourciller l'état d'urgence exercé essentiellement sur les descendants des Africains, ainsi que des révisions dans les manuels d'histoire sur la période coloniale ? L'amour de la France, quand même il s'agirait d'un objectif pédagogique acceptable, peut être engendré par des fadaises dignes de *La Case de l'oncle Tom*. Décidément, la Louisiane n'est pas loin. On ne bâtit pas une relation normale sur une suite de mensonges par omission. Faudra-t-il demander à nouveau « Républicains, si vous saviez ! Apprenez à regarder la République en face, apprenez à considérer sa face insupportable, vous percevrez peut-être alors l'obscénité de vos envolées dithyrambiques et à reporter vos ardeurs sur l'objectif plus modeste, plus universel de faire progresser une démocratie largement inachevée » ?

Un peu d'études post-coloniales enseignées à ses hauts fonctionnaires et dans les écoles serait un premier pas vers le contrôle démocratique de la police de la République. Car ce qui est consternant, ce n'est pas le policier inexpérimenté et peureux – encore que les gamins dans les cités fassent parfaitement la différence entre les policiers corrects et les vrais « racistes » (Sartre aurait dit les « salauds ») –, mais les petites phrases des responsables au plus haut niveau qui fonctionnent comme autant de promesses d'impunité et qui engendrent mécaniquement une montée des bavures. Pire encore : l'ignorance crasse dont font montre nos élites du brillant passé colonial de la grande Nation, sans parler des quelques grandes boucheries européennes. Il faudra sans doute apprendre à faire de la place dans les noms de rues à tous ces fils des idéaux de la République (celle de 1793, pas celle des Versaillais, ni du Tonkin). Il faudra honorer les Jacobins noirs qui seuls transformèrent le message blanc de la liberté en message universel, quand la plupart des philosophes des Lumières voulaient l'abolition graduelle ou même faisaient tout pour la freiner. Il faudra apprendre, comme nous avons commencé à le faire avec les Allemands et les Anglais, à débaptiser les voies qui portent les noms de batailles qui furent des boucheries effroyables, comme les avenues d'Eylau et de Friedland (32 000 morts pour l'une, dont 20 000 Russes ; 35 000 pour l'autre : « une nuit de Paris réparera tout cela, » aurait dit Napoléon en guise d'oraison funèbre).

Pour éviter que les mots d'égalité, de liberté et de fraternité ne restent des effets de manche désespérément creux, comme c'est le cas depuis au moins quarante ans, ne faut-t-il pas au préalable décoloniser l'Hexagone de l'intérieur ? Décoloniser la pensée et les pratiques, sereinement mais fermement. Saluons donc ici les travaux qui commencent à être entrepris sur la fracture coloniale[12], l'Appel des indigènes de la République, l'annonce enfin de la construction d'un grand musée de l'esclavage à Nantes, qui fut le plus grand port négrier de l'Atlantique, et le rassemblement des différentes associations regroupant les Noirs de France (et non pas seulement les Noirs français) au sein d'une fédération. Mais, à juger par les résistances académiques, que de chemin il reste à parcourir. Et cette résistance ne serait pas aussi tenace si ne s'ajoutait une autre taie bien plus profonde, dont on parle pourtant moins.

La taie de la Contre-Réforme catholique ou le statut très précaire des minorités en France.

La dimension coloniale sature encore l'inconscient théorique et politique des républicains. Et cela même chez les historiens anticolonialistes. Il doit y avoir un autre ressort caché à la résistance épistémologique à l'optique post-coloniale. Par ailleurs, tous les colonialismes ne mènent pas à l'idéologie républicaine française. On a remarqué depuis longtemps que Jules Ferry fut le fondateur de l'école républicaine et l'initiateur de la colonisation de l'Indochine. Les deux projets se co-déterminent et s'épaulent, ce qui veut dire que l'inimitable colonisation à la romaine qu'a pratiquée la France ne ressemble pas à la colonisation britannique. Le Royaume-Uni en use avec ses minorités ethniques actuelles[13] comme il en a usé durant la colonisation anglaise. Lyautey fut une exception en France. La République française a son style propre de colonisation, y compris culturelle. Les Antilles, entre Cuba, la Jamaïque, Haïti, la Guadeloupe et la Martinique, et Tobago y Trinidad, offrent un superbe terrain d'analyse des différents types d'empreintes coloniales. L'allergie française aux différences, à tout ce qui rompt l'homogénéité est particulièrement sensible. Le modèle français colonial est assimilationniste. Au nom du mythe de l'unité millénaire de la France des Capétiens et de ses ascendances gauloises (mythe démonté par Suzanne Citron et par P. Geary pour tous les États-nations européens[14]), la République a forgé un « sentiment » national. Rien jusque-là que de très classique. Quand s'édifia l'État nation, et que l'on passa d'une endo-formation des élites à une exo-formation par l'école[15], la formation d'une « identité commune » parut indispensable pour unifier des ensembles assez disparates. La France par exemple à la veille de la Révolution française rassemblait des nations (au pluriel) très diverses, au sens de populations ne parlant pas forcément pour langue vernaculaire le français. L'unité de la France des instituteurs était un projet politique bien plus qu'une réalité naturelle ou patrimoniale. Mais tous les États européens qui devinrent des nations ont suivi le même itinéraire. Que trouve-t-on dans le cas français, hormis une certaine lisibilité de ce projet et de ce fonctionnement ?

Une homogénéité construite sur deux effacements : celui des nations sans États, qui devinrent des minorités linguistiques et que la République traita d'une façon qui se passe de commentaires, même si la France ne parvint jamais au degré de colonisation intérieur atteint par l'Angleterre en Écosse et en Irlande, et celui, plus rarement évoqué malgré son importance, des minorités religieuses. Ce qui allait devenir la France se forgea notamment dans la croisade contre l'hérésie albigeoise ; mais surtout, après des guerres de religions de près de soixante-dix ans, la France résolut le problème de la cohabitation entre catholiques et protestants d'une façon bien plus conforme à ce qui se produisait dans l'Europe latine de la Contre-Réforme qu'à la solution trouvée dans l'Europe du Nord dans un Saint Empire morcelé. Après l'hésitation de l'édit de Nantes (1598), où les Protestants se virent tolérés mais pas acceptés comme partie constituante du royaume, à la différence de ce qui prévalut en Allemagne après la Guerre de Trente Ans à Osnabrück et Wesphalie (1648), la France devint définitivement, avec la révocation de l'édit de Nantes, la même année que la promulgation du Code noir esclavagiste, en 1685, un royaume catholique homogène. À la différence de l'Espagne, qui avait obtenu l'homogénéité religieuse en expulsant les Arabes et les Juifs la même année (1492), et qui se sépara de sa partie protestante avec l'indépendance des Provinces-Unies, la France comptait de très solides minorités protestantes. Elles furent pourchassées, et, à la Révolution, la communauté protestante, comme celle des Juifs qui furent alors émancipés, ne représentait plus qu'un poids marginal. La République de la Révolution s'installa dans un pays catholique à plus de 95 % de sa population. Elle hérita de l'unité nationale, de l'appareil d'État, mais aussi, paradoxalement, de la Contre-Réforme catholique, de l'organisation de l'enseignement des Jésuites qui, bien qu'expulsés du Royaume de France, marquèrent profondément le puissant moule homogénéisateur de l'éducation par ses techniques, sa discipline, son projet tourné vers les élites et un modèle de la bureaucratie céleste[16] qu'ils avaient trouvé en Chine. Grandes écoles, élitisme, lien avec l'appareil d'État, la voie française, républicaine mais parfaitement inscrite dans la continuité de la monarchie absolue, ne se retrouve ni en Angleterre ni en Allemagne.

La conception de la citoyenneté profondément liée à la nationalité s'est inscrite dans ce cadre. Elle a eu pour conséquence que la République, à son insu le plus souvent, mais pas toujours, a fabriqué un cadre culturel et politique très capable d'assimiler la diversité mais peu d'intégrer des minorités qui resteraient constituées comme minorités. Les langues subalternes ont été presque éliminées. Les religions qui n'étaient pas celle du monarque ou celle de la République concordataire ont eu beaucoup de mal à se faire une place sociale. Le pacte républicain exigeait que l'individu appartenant à une communauté abandonne tous ses traits collectifs sauf sur des sujets subalternes ou privés (la cuisine, la religion limitée à une affaire privée). En échange de quoi la République lui garantissait la protection et la promotion sociale. Les protestants réintégrés dans la communauté nationale par la République durent se battre longtemps pour pouvoir enterrer leurs morts (les cimetières restaient en des mains catholiques pour l'essentiel). Les Juifs à leur tour eurent beaucoup de mal à se faire admettre et les Juifs arrivés d'Europe Centrale furent d'abord en but à une xénophobie très forte. Mais ils furent assimilés à la fin du XIXe siècle ou du moins le crurent-ils jusqu'à l'affaire Dreyfus d'une part et jusqu'à la Shoah, mise en œuvre avec la complicité active de l'État français. La loi de séparation de l'Église et de l'État, qui fixe les règles de la laïcité à la française (voir sur cette question les travaux de Jean Baubérot), fut un compromis de la République avec une société très majoritairement catholique qui visait à protéger les minorités (en particulièrement juive) d'un enseignement où l'Église catholique, qui défendait encore la thèse du « peuple déicide », était bien décidée à ne considérer qu'il n'y avait de bon juif que de juif converti, tout comme Louis XIV s'agissant des protestants. Mais la seule chose que fit la République fut de soustraire la religion et toute appartenance communautaire (on dirait ethnique aujourd'hui) de l'espace public dans une société qui restait à 95 % catholique. *La laïcité à la française ne construisait pas l'égalité politique,* hormis sur le plan de la liberté de culte, entre des communautés ayant des religions différentes, comme l'égalité entre des citoyens dont la religion ne devait pas devenir un sujet de débat politique. Ceci explique tout à la fois la réussite apparente du modèle républicain et sa fragilité. L'État n'obtenait la tolérance de la société catholique que parce qu'il renonçait à compter les minorités, qu'il leur interdisait même le droit de se compter, sauf en Alsace et en Lorraine qui vécurent trente ans sous le régime de l'Empire allemand, entre 1871 et 1914. La société pouvait donc continuer à vivre dans un univers totalement catholique et un État neutre (souvent athée) dominer la sphère étroite de la politique. Voilà pourquoi la société française s'est montrée fort peu ouverte à l'apparition de religions nouvelles en son sein. Le minaret aujourd'hui, la synagogue hier, le temple avant-hier, font tâche dans un pays patrimonialement catholique.

La République a-t-elle desserré ce lien étrange avec le modèle d'un État né de la Contre-Réforme catholique ? Rien n'est moins sûr. Beaucoup de républicains (Régis Debray, Max Gallo) sont culturellement et politiquement des catholiques, des catholiques qui n'ont pas nécessairement la foi.

Ce qui explique la crise qui s'est ouverte depuis trente ans, c'est l'irruption d'une nouvelle religion et d'une nouvelle communauté qui ne se réduit plus à des travailleurs qui disaient n'être là que pour peu de temps, tels des « hirondelles ». C'est aussi la construction d'un ensemble politique bien plus vaste que l'État-nation et après la perte de son prolongement impérial dans des colonies, dans lequel le gouvernement national par la majorité dans une société culturellement et religieusement très homogène cède la place à une négociation entre de grosses minorités de la taille presque identique (catholiques et protestants, et bientôt orthodoxes et musulmans si la Turquie intègre l'Union européenne) et de quelques minorités moins nombreuses mais très actives comme les juifs et les bouddhistes. Un dernier élément de crise du modèle républicain français est la réforme profonde de l'Église catholique, qui perdant son emprise sociale du fait de la déchristianisation et plus généralement de la diminution de toute pratique religieuse (moins de 10 % d'hommes adultes pratiquants ; alors qu'aux États-Unis on en compte plus de 70 %) cherche maintenant, comme toutes les minorités actives, une reconnaissance dans l'espace public. Elle se rapproche donc de la position des Églises protestantes et des positions des juifs dans les pays anglo-saxons.

Qu'on soit persuadés de ses bienfaits passés, comme le sont les républicains, que l'on soit nettement plus sceptique sur ses vertus, on ne peut nier la crise profonde du modèle politique *global* républicain. Quand on parle d'intégration, face au problème des minorités, ce n'est donc pas des minorités que l'on parle, c'est essentiellement du modèle général du pacte politique. La République comme modèle est donc à réinventer totalement – ou bien à remplacer par un modèle démocratique à une échelle post-nationale, fédérale et européenne. La crise est rude. On comprend que les idéologues républicains en soient à se lamenter, chose assez plaisante pour de vieux mécréants comme eux, sur le déclin du religieux (entendons, des religions d'État ou des religions majoritaires de façon écrasante) et pourfendent et le multiculturalisme anglo-saxon et l'interculturalisme entre les communautés ethniques. Le problème est que cette attitude va de pair avec une ouverture très faible aux différences autres que musicales et culinaires.

L'épisode du voile a joué le rôle d'un révélateur de cette évolution ou involution du républicanisme. De progressiste et de défenseur des minorités opprimées en 1905, ce dernier est devenu réactionnaire et veut imposer par toute l'autorité de l'État et de l'École un modèle perçu désormais dans l'Hexagone comme aussi assimilationniste que pouvaient l'être les manuels coloniaux.

Il est enfin une dernière taie qui intensifie la crise de l'idéologie républicaine française : la taie du système migratoire semi-esclavagiste qui fabrique les secondes générations en minorités.

La République n'aime pas les minorités, avons-nous dit. Les républicains ne cachent pas leur exécration des communautés suspectées d'abriter des forces centrifuges. Le fédéralisme parle bas breton, disait la Révolution jacobine pour disqualifier les Girondins assimilés à des Vendéens. Le communautarisme voilà le péril, disent aujourd'hui ceux qui se prennent pour des révolutionnaires alors qu'ils pourraient bien avoir basculé dans le néo-conservatisme. Les communautés seraient les incubateurs du fondamentalisme. Il ne leur vient pas à l'idée que le fondamentalisme pourrait être la maladie sénile de la République à l'ère du post-national ou que le vide effrayant qu'organise une République de papier dans une jungle économique et sociale, et l'humiliation que la caste des lettrés d'ancien régime inflige à ceux qu'elle ne considère plus que comme un peuple d'électeurs censitaires, sinon comme une multitude ingouvernable, sont les meilleurs agents recruteurs du terrorisme.

Pourtant la République française nourrit un joli paradoxe : elle fabrique inlassablement des minorités dans le même temps où elle les décrète invisibles. Quel est le secret de cette fabrication singulière ? Elle porte un nom bien simple : une politique migratoire qui comme jadis, du temps de l'exception coloniale, contredit tous les principes des droits de l'homme, des droits civiques et politiques et enfin du droit du travail. Le système migratoire européen qui s'est pratiquement modelé sur le système français (cocorico ! nous avons prévalu) a revêtu de plus en plus clairement les traits de système de migrations de travail limitant progressivement les aspects d'ouverture qu'il avait eu du temps où il se présentait aussi comme un système d'immigration d'installation[17]. Ne vouloir des immigrants que pour autant qu'ils sont des travailleurs et essayer de limiter leurs droits au regroupement familial, leurs droits politiques, les soumettre au système arbitraire des cartes de travail et de séjour, c'est créer durablement au sein des démocraties européennes et de la République française des populations qui ne sont qu'à moitié libres, donc à moitié esclaves[18]. Cette condition coloniale ou d'apartheid institutionnel[19] aggravée par la précarité économique de façon plus forte que pour une population « nationale » a des conséquences à la fois pour les parents des jeunes immigrés qu'ils viennent d'arriver, qu'ils soient de la seconde génération ou troisième génération. Tous les droits sociaux des migrants se trouvant encore plus subordonnés à la situation du marché de l'emploi, la précarité a des conséquences encore plus violentes sur leurs parents que sur les nationaux.

Loïc Wacquant et une majorité de chercheurs en sciences sociales en France, heureusement pas la totalité, nous ont expliqué pendant les deux dernières décennies que les banlieues françaises n'étaient pas les banlieues américaines, que les ghettos n'en étaient pas, que la République nous préservait de la constitution de minorités comme Outre-atlantique. Dominique Schnapper, dans un livre sur la nation, nous avait expliqué que le modèle français universaliste s'opposait au modèle du *Volk* allemand qui s'appuie sur la communauté linguistique et sur le sang. En réalité, la véritable opposition se situe entre un modèle européen de migrations de travail, raciste en ce qu'il récuse le droit à l'installation de la population d'origine étrangère dès le départ, et le modèle des pays d'immigration et de peuplement.

La boucle longue de l'intégration à l'européenne, à l'époque de la mondialisation, a quelque chose de dérisoire. La lenteur de la mobilité sociale combinée avec celle de l'intégration politique n'est pas faite pour susciter une grande adhésion. Les dissertations pénétrées de componction sur la « haine de l'Occident » devraient se pencher sur ce problème au lieu d'agiter le moulin à vent de Huntington sur la guerre des civilisations.

Le système européen correspond à l'Europe-forteresse des barbelés. Il est intrinsèquement mauvais parce qu'il a déjà fabriqué en cinquante ans de véritables minorités qui ressemblent non aux enfants d'immigrés aux États-Unis, mais aux descendants des esclaves importés par la Traite. Les jeunes des banlieues d'Europe sont en train de devenir les Noirs des États-Unis. Watts, Los Angeles, sont devant nous. Et la République, qui était censée nous protéger de ce devenir nous y conduit plutôt plus vite que le modèle britannique.

Cela a une implication simple. Si la République veut sortir de sa crise et enlever une des taies qui la rend aveugle, qu'elle commence par mettre en place un modèle migratoire moins esclavagiste, constitutionnellement plus ouvert. Qu'elle cesse de regarder les communautés de migrants déjà installées en son sein comme des ennemis potentiels, des empêcheurs d'assimiler en rond. L'intégration est une affaire d'interaction et de confiance et non un processus d'assimilation forcée précédée d'une ingestion où le mangeur tue ce qui lui sert d'aliment. L'absorption démocratique dans les pays du Nord de populations venues du Sud dépend du pacte politique et de sa refondation et non des capacités de l'estomac ou des enzymes républicains chargés de dissoudre de la chair à travail et à pensions, après avoir été de la chair à canon. Regardons vers l'automaticité de l'accès à la nationalité ou à la citoyenneté européenne pour tout migrant venant s'installer définitivement eu Europe ; instaurons un véritable droit du sol (le droit français n'est qu'un demi droit du sol puisqu'il faut non seulement être né en France pour le devenir, mais il faut que l'un de ses parents le soit aussi né en France ; sinon c'est le droit du sang qui joue). Supprimons les cartes de travail et de séjour comme les Noirs sud-africains l'ont fait pour mettre à bas l'apartheid raciste. Alors l'apartheid social régressera en même temps que l'apartheid politique et le racisme institutionnel, lequel n'a rien à voir avec le racisme épidermique et personnel. Ce racisme-là est d'État, et il est indigne de la République, de toute république qui se veut démocratique, de compter faire fonctionner son système économique en privant quelques millions de personnes de la liberté du droit de vote.

La République est nue parce que finalement, comme un petit nombre de chercheurs (dont je m'honore de faire partie), n'ont cessé de le dire, clamant le plus souvent dans le désert, l'idéologie républicaine française assimilationniste n'a pas compris grand-chose à l'intégration transcommunautaire de la multitude à l'ère de la mondialisation. Elle en est toujours restée au « peuple » fabriqué au forceps « identitaire », au garde-à-vous colonial et à la carte de séjour. La République de « vos papiers ? », chère au ministre de l'Intérieur, n'est qu'une caricature de république. On pourra donc dépenser un peu plus (très insuffisamment au demeurant) pour le énième plan « banlieues », cela ne modifiera en rien le mépris et le préjugé contre lesquels ont réagi précisément nos émeutiers. Une République qui répond ce qui suit, par l'intermédiaire d'un de ses représentants les plus éminents, un sous-préfet, à une femme étrangère résidant à Clichy-sous-Bois et demandant une carte de séjour de dix ans, présente une formidable continuité avec la France des dragonnades du temps de Louis XIV ; elle est indigne de l'Europe que nous voulons construire ; elle doit être démocratisée d'urgence et l'État avec :

« L'entretien réalisé à l'occasion de votre demande de titre a révélé que vous vous êtes présentée vêtue d'un voile couvrant entièrement votre cou et la racine de vos cheveux, assimilable au hidjab, signe d'appartenance à un islam fondamentaliste. En conséquence, vous ne justifiez pas d'une intégration républicaine dans la société française conformément à la réglementation en vigueur. »

Notes

[1] Au-delà du narcissisme sans grand intérêt de celui qui a donné à ce complexe son nom et que nous encourageons vivement à entamer ses visites pour être élu à l'Académie française.

[2] Ce trait a été analysé par divers auteurs. Nous ne pouvons y renvoyer dans les limites de cet essai. Signalons le récent ouvrage de Laurent Lévy, *Le Spectre du communautarisme*, Paris, Éditions Amsterdam, 2005.

[3] Lors du recensement, les bordereaux remplis restent trois semaines dans les Mairies et il est très tentant pour ces dernières de se servir de l'indication du département d'origine (99 code les DOM-TOM) pour limiter la proportion de Noirs dans les HLM, comme l'expression famille lourde désigne depuis longtemps les familles maghrébines et africaines.

[4] Nous avions déjà abordé cette question avec Michèle Tribalat lors de la réalisation du Cahier de l'INED, *Un siècle d' immigration française,* (1991) réalisé avec elle, Jean-Pierre Garson, Roxane Silberman et moi-même.

[5] Cité par Charlotte Rotman « Les statistiques ethniques, un sujet tabou » *Libération,* 19 novembre 2005.

[6] « La République à jeter ou à achever », *Libération* du 15 novembre 2005.

[7] Au Mexique, il nous faudra parler des Indiens, des Métisses et des Créoles blancs ; aux États-Unis, du Canada, d'Australie, des Amérindiens et Aborigènes et les descendants de colons ; au Japon, des *Buraku-min*, des descendants de Coréens, et des Nippons ; en Inde, des Etats ou hors castes et des différentes castes. Et combiner tout cela avec les classes sociales, le genre et la couleur.

[8] Par exemple le blog de François Bon, http://www.tierslivre.net/spip/article.php3?id_article=191.

[9] Il nous semble que Patrick Weil passe très vite sur ce problème de la connaissance *située*, lorsque notant le passage d'un régime de mémoire du passé colonial universaliste à un régime de mémoires particulières et à l'acceptation des points de vue des acteurs, (par exemple des vaincus ou des esclaves dans les *subaltern studies*) il tient à marqué sa distance par cette phrase encore bien républicaine : « Cependant la voie française est celle d'un particularisme fondé , non sur la compensation mais sur l'établissement de la vérité historique. Prendre la mémoire pour en faire de l'histoire acceptée et reconnue par tous… » in P. Weil et S. Dufoix, L'esclavage, la décolonisation et après , (Puf, 2005, p. 8).

[10] « Les forces qui se réclament de la démocratie et de la justice sociale doivent d'urgence organiser un mouvement de solidarité, affirmer l'impératif d'un changement radical des

choix économiques néolibéraux qui ont conduit à l'explosion actuelle, le refus d'une ethnicisation des problèmes, la nécessité de rechercher les solutions à l'échelle mondiale.

[11] Daniel Hemery, Claude Liauzu, Gilbert Meynier et Pierre Vidal-Naquet, « Où va la République? », *Libération* du 16 novembre 2005.

[12] Voir en particulier P. Blanchard, N. Bancel et S. Lemaire (dir.) *La fracture coloniale, la société française au prisme de l'héritage colonial*, Paris, La Découverte, 2005, et la polémique qui a opposé les jeunes tenants de ces études post-coloniales avec les historiens de moule mental plus traditionnellement républicain comme Claude Liauzu et G. Noiriel. Voir également, plus prudents, P. Weil et S. Dufoix, *L'esclavage, la décolonisation et après*, Paris, PUF, 2005. Pour autant les *minority studies*, les *subaltern studies* et les *post-colonial stud*ies latino-américaines restent largement méconnues et non traduites (on pense à W. D. Mignolo ou A. Quijano). Voir le dossier Raison Métisse dans le numéro 6 de la revue *Multitudes* en ligne à http://Multitudes.samizdat.net.

[13] Voir la très belle intervention de Danièle Joly dans Libération du 26 et 27 novembre et ses travaux non traduits (encore) dans le Centre de recherche sur les Relations Ethniques www.warwick.ac.uk/fac/soc/CRER_RC/.

[14] S. Citron, (2003), *Mes lignes de démarcations, croyances, utopies, engagements*, Paris, Syllepse, et Patrick J. Geary, *Quand les nations refont l'histoire, l'invention des origines médiévales de l'Europe*, Paris, Aubier2004) .

[15] Ernest Gellner, (1983) *Nations and Nationalism*, Ithaca, Cornell University Press. L'endoformation désigne une formation menée par les groupes dominants eux-mêmes tandis que l'exoformation s'installe quand l'Etat se charge de former les élites et la population au sein de l'Etat-nation pour unifier l'identité de ses sujets/citoyens dans un « sentiment national » dont l'un des produits est le nationalisme avec son cortège de chauvinisme et de xénophobie qui pris la forme de la pureté raciale (venue de la *sangre limpia* espagnole de l'Inquisition dans certains pays d'Europe, ou celle de la manie de l'unification culturelle très rigide dans d'autres.

[16] Etienne Balazs a montré dans son ouvrage classique *La bureaucratie céleste,*(Tel Gallimard) ce que les Jésuites durent à la Chine.

[17] Voir Y. Moulier Boutang Y., (1994) « Pour un statut constitutionnel et européen de l'immigration » in *Plein Droit, Revue du GISTI,* n° 22-23, Octobre 1993-Mars 1994, pp. 48-55, et Y. Moulier Boutang Y. & D. Papademetriou, (1994), « Typologie, évolution et performances des principaux systèmes migratoires » in *Migration et Développement, un nouveau partenariat pour la coopération,* OCDE, Paris, pp. 21-41.

[18] Pour une longue démonstration historique de cela voir mon *De l'esclavage au salariat,* Paris, Puf (1998).

[19] Voir les travaux d' E. Balibar et le dossier du n° 19 de la Revue *Multitudes* disponible en ligne sur le site de la revue.

Il faut défendre la société

Les jugements portés à l'extérieur de l'Hexagone sur les réactions de l'État français et de « sa » République à l'égard des révoltes urbaines de jeunes Blacks et Beurs oscillent entre une sévérité féroce et l'incrédulité la plus totale. La faible réaction intellectuelle et politique de ce qui est censé être l'opposition suscite, elle, de l'inquiétude ou de la pitié.

La République serait-elle sénile et les Français anesthésiés comme le soulignait Noël Mamère à Nantes lors d'une manifestation le 26 novembre un peu moins lugubre que celle qui s'était déroulée à Paris ?

L'affaire du foulard et les émeutes d'octobre et novembre 2005 montrent que les éléments du modèle républicain qui empêchent la France de regarder en face son passé colonial, son passé absolutiste de pays de la Contre-Réforme et son système migratoire qui fabrique des minorités, commencent à apparaître dans toute leur nocivité. En expliquer le fonctionnement, en démonter les limites, la prétention et en même temps le caractère peu démocratique, c'est préparer l'alternance politique et le renouvellement de la gauche.

C'est également défendre la société multiraciale et transnationale que l'Europe devra organiser avec tous les autres pays et d'autres communautés que celles auquel l'État républicain et national a de plus en plus de mal à s'intégrer. Face à l'appel absurde à un ordre dénué de tout projet avouable, défendre la société est une nécessité, surtout face à l'effondrement et à la désespérance républicaine quand elle est sincère et non cynique.

La société possède en France les mêmes ressorts de cœur et d'intelligence que ceux qu'on trouve dans les autres pays d'Europe pour faire face à des banlieues indignes de ceux qui les habitent, au racisme, à la xénophobie et au repli sur une identité frileuse et d'ores et déjà fantôme. Elle n'a pas besoin de davantage de policiers, de prison, de petits roquets idéologiques sans importance.

Ma pensée va aux enfants qui n'auraient pas dû mourir, au retraité victime de la colère aveugle attisée de façon irresponsable. Elle va aussi aux jeunes qui vont faire la connaissance, si ce n'est pas déjà le cas pour certains d'entre eux, de cette lamentable institution qu'est la prison française et qui témoigne de notre effarant retard de civilisation.

Les discours qui se terminent par l'invocation à la France pays des droits de l'homme me semblent dérisoires, presque indécents. La République est nue dans ses habits. C'est risible et lamentable.

C'est pourquoi il faut travailler à défendre la société contre l'ordre et les nombreux tailleurs de prêt à cogner. Afin de construire une démocratie moins inachevée ou les différences ne seront pas regardées comme l'antichambre du terrorisme.

Rien que la formation de la fédération qui va regrouper l'ensemble des Noirs de France est une nouvelle qui indique que la révolte des banlieues françaises, cet automne 2005, n'a pas eu lieu pour rien.

Emmanuel Todd soulignait que les émeutiers sont tout à fait intégrés à une longue tradition de lutte pour l'égalité, l'égalité des droits, l'égalité de traitement, et pas seulement l'égalité des chances. Ces émeutes ont mis sur la table un problème éminemment politique

La démocratie requiert donc qu'ils soient amnistiés. La sagesse l'imposera, même si ce gouvernement et « sa » République sont incapables pour l'instant d'entendre autre chose que les flatteries de la Cour et la vaisselle cassée dans la cuisine peu ragoûtante des présidentielles de 2007.

Cet ouvrage a été achevé d'imprimer
pour le compte des Éditions Amsterdam
par l'imprimerie Pulsio à Sofia, Bulgarie
en novembre 2005

Dépôt légal décembre 2005